# 问题不大

野生 CEO 大

SPM 南方传媒 | 广东经济出版社
·广州·

图书在版编目（CIP）数据

问题不大 / 野生 CEO 大宝著 . -- 广州：广东经济出版社，2025. 7. -- ISBN 978-7-5454-9624-6

Ⅰ. C913. 2-49

中国国家版本馆 CIP 数据核字第 2025LQ4199 号

责任编辑：李泽琳　李　恬
责任校对：赵芳微
责任技编：陆俊帆
封面设计：集力書裝 Design · Zor Jassbee

问题不大
WENTI BUDA
出 版 人：刘卫平
出版发行：广东经济出版社（广州市水荫路 11 号 11 ～ 12 楼）
印　　刷：珠海市国彩印刷有限公司
（珠海市金湾区红旗镇虹晖三路北侧、永安一路西侧）

开　　本：889 毫米 ×1194 毫米　1/32
印　　张：9.75
版　　次：2025 年 7 月第 1 版
印　　次：2025 年 7 月第 1 次
书　　号：ISBN 978-7-5454-9624-6
字　　数：205 千字
定　　价：59.00 元

发行电话：（020）87393830
如发现印装质量问题，请与本社联系，本社负责调换

# 序

不知道从什么时候开始，我喜欢说“问题不大”，它像一个咒语，无论遇到什么事情都可以默念：问题不大！别着急，稳住，开动脑筋，办法就有了。同时，问题不大也是一种信念、态度和自我暗示，你也可以经常念叨。

在写这本书之前，我整理过一套“野生职场法则”在线课程，包括野生沟通法则、野生管理法则、野生效率法则三门课程。这些课程构成了属于我自己的野生职场小宇宙。同时，我通过这些课程收到了非常多的反馈，并帮助了许多需要帮助的人。但这里有个悖论：一个需要更新“沟通操作系统”的人，往往想不到要进行系统性学习。他没有学习能力和学习欲望，更偏爱“一句话搞懂”“五分钟学会”“三天脱胎换骨”“一招逆袭”式的学习法。然而，看完后才发现，他不过是帮助别人提升了完播率，每次都上当，但上当的方式各不相同。

因此，这次我改变了思路，从多年积累的职场社群里整理出一些为人处世的高频问题，这些问题涵盖工作能力、效率和态度等方方面面。我以问题为切入点，不仅提供答案，还提供解题思路、认知方法、思维方式和推理逻辑。书中将真实的职场案例呈现给读者，简单明快，直击要害。我希望每个人都能拥有解决问题的意识和能力。你可以解决的问题越多、越大，你面临的问题就越少、越小。

为什么不建议普通人把大量的时间花在调节情绪和深度学习心理学知识上？因为普通人与病人不同，普通人的情绪问题并不是由情绪病带来的，而是由问题带来的，如需要面对毫不掩饰自己厌恶的同事、喜欢骂人的领导、喜欢抱怨的下属、不在乎自己感受的伴侣。每次有人问我该如何调节情绪，我都很纳闷：我们是不是应该先聊聊这些问题是否有可能解决？如果解决不了，那再谈感受和情绪也不迟。

为什么不是每个问题都有标准答案？因为你不需要，我也没有。你需要的是面对复杂世界的勇气和破解难题的能量。比如，在职场社群中，我见过这样的提问，一句话："想转岗，怎么跟领导沟通？"他想得到一句话，去跟领导一说，领导就批了。而实际上，转岗需要完整的计划，有步骤地推进，不可能是一句话的事。现实世界中的很多问题没有现成的答案，也没有标准答案，需要靠自己的勇气和谋略去面对它、解决它！

写这本书最大的挑战是世界和我都变化太快了，我经常无法共情昨天的自己，更惶恐于自己的无知、有限、渺小、浅薄、小气和阴暗。还担心书中有错别字，作为一个老文案，错别字就是我的脊梁骨，肯定有，但请你不要戳。还有一点害怕，害怕内容乏善可陈、表达捉襟见肘，更害怕有人将我的话奉为圭臬。没有一个人可以指导另一个人的人生，也没有人是绝对正确的。所以，你当然可以觉得我有些观点和方法有问题，可以不屑、可以反驳、可以存疑、可以验证、可以修正、可以求同存异……读书是一个思辨的过程，比两个人辩论更有用。辩论的对抗性成就的是某种精彩表演，但只能让人为了反驳而反驳。

有幸跟大家分享点小经验——不是天赋，不是努力，也不是成功人士的标配，不过是吃过足够多的亏，好在复盘速度快，总能把教训总结成避坑指南。我平时几乎不说教，不介入他人因果，甚至不说多余的话——怕伤元气。那为什么我还天天在社群里叨叨？因为花钱咨询的、加入职场社群的、加入大宝订阅频道会员的，都是亲爱的客户，服务客户怎么能算说教和介入因果呢？都是工作！

翻阅本书之前，希望大家了解几个关键词，如果这就是你平时的状态，书不看也行，我给不了你更多了！

第一，尊重。尊重别人，尊重自己，缺一不可。看不上这个，看不上那个，看不上自己，都是禁忌。尽量实事求是地看待所有人，尊重自己的想法、时间和精力，也尊重别人的，很多问题就不存在了！

第二，目的。面对任何问题和困扰，都先问问自己，“我要什么？”“我想怎么样？”很多人不知道自己要什么，不关注自己的需求和目的，就容易陷在困扰里，那还怎么制定策略、解决问题呢？

第三，主动。主动既是一种态度，也是一种能力。主动不仅能预防问题，更能解决问题。或许有人会问：“为什么是我主动呢？明明是两个人的事，甚至这事是对方的责任，等他解决不好吗？”实际上，每个人都是自己的第一责任人。基于此，谁制造了问题、谁该承担责任，这些都没那么重要，重要的是问题得到解决。

第四，野起来。正如我的社交媒体账号——“野生CEO大宝”，“野生”怎么来的，随口起的！能随口起说明就挂在嘴边。我除了分享一些野路子解决方案，更多是想说，人生如圈，也如旷野，如丛林，如深海，如苍穹，上上下下左左右右无边无际，注定有人要被圈养的牛马，但你若有一颗想做飞禽走兽的心，就可以飞翔、可以奔跑，万类霜天竞自由，击长空还是翔浅底，各凭本事。生命是用来体验的，我不知道你正在被什么局限，但没什么是不可以突破的，你听到野性的呼唤了吗？

野生 CEO 大宝

2025 年 2 月

# 目录

## 第一章　预备期

### 不要过度准备，但要准备过渡

## 第二章　求职期

### 工作需要能力，找工作也是能力！

## 第三章　新人期

### 入职不是结束，入职才刚开始

## 第五章　尴尬期

### 聚时好聚，散时好散



## 第六章　规划期

### 人无远虑，必有近忧

第一章

# 预备期

不要过度准备，但要准备过渡

# 01 -如何缓解职场恐惧?

## 除了直接面对，别无他法。

临近毕业，很多同学会产生一种矛盾心理：时而信心满满，觉得自己是个人才；时而迷茫恐惧，如同迷失的小孩，担心作错误的决定，担心无法胜任工作，担心职场如战场，担心只有自己没有美好的未来……

面对新角色、新环境的陌生与未知，会有恐惧感很正常。在未来，这种恐惧感还会频繁“造访”，无论是跳槽、竞聘、评选优秀员工时，还是空窗很久后突然入职、全权负责一个项目时……只要存在风险，就可能引发恐惧。

然而，这种恐惧感是人们面对未知时所产生的正常情绪，称为适应性恐惧。它是良性的、有帮助的，因此，我们应顺其自然、坦然面对。如果实在难以消除，可以尝试以下四种方法。

第一，打消顾虑，正视风险。不用担心某些事情是否会发生，比如，遇到难搞的领导、合不来的同事、挑剔的客户，或者搞砸一些事情，乃至有人说你坏话。这些都是职场中常见的现象，每个人都可能遇到。所以，我们不需要担心这些事情是否会发生，而是应该专注于当这些事情发生时该如何解决。

第二，跳过恐惧，直面问题。如果你恐惧与面试官对谈，那么不妨勇敢地接受一次面试邀请。在面试前，你要先做准备，比如，整理面试常见的问题，撰写一份有吸引力的自我介绍。这样，你的关注点就从恐惧转移到具体的问题上了。只要勇敢迈出第一步，你就会发现所谓的恐惧只不过是一个又一个具体的小问题。

第三，承认自己的局限性。有些事，没有人可以保证做到。比如，预判所有问题、完全避免错误发生、第一次做项目就超出预期、永远不会说错话。承认自己的局限性是很重要的，因为没有人可以完全避免失误和错误，所以做不好又能怎样呢？关键是能从失败中汲取教训，不断进步。

第四，职场并没有你想象中那么可怕。不要过分妖魔化职场，当信息仅来源于社交媒体或他人的讲述时，你看到的往往是局部的、片面的。抱怨和吐槽并不是职场的全部，还有许多正面的反馈和感受是你没有看到的。当你想要跟资深人士交流时，应该选择那些积极向上、乐于分享的人作为你的导师。他们在职场中肯定有很多成功的经验和宝贵的品质值得你学习和借鉴。

无论是职场新人还是跳槽新入职的员工，都面临着全新的挑战和机遇。幸运的是，几乎每个新手都有一段“保护期”来适应新身份。所以，请接纳恐惧、适度恐惧、假装不恐惧、跳过恐惧，直到你完全适应新的角色和环境为止！

# 02-没赶上“好时候”怎么办?

## 任何时候都是好时候!

教育部、人力资源和社会保障部召开的2024届全国普通高校毕业生就业创业工作视频会议指出，2024年我国高校毕业生总规模预计1179万人，再创历史新高。如果我是2024年大学毕业，好像确实没赶上好时候。但什么时候才算是好时候呢？2008年，是我大学毕业的那一年。当时，我国正在举办奥运会，国内发展呈现蓬勃向上的态势，但同时，我国也面临着美国次贷危机引发的国际金融危机。中国劳动力市场因此受到了巨大冲击，农民工和大学毕业生成了受影响最严重的就业群体。工厂倒闭，工人返乡，很多公司都在裁员。我所在的公司甚至发文：短期内不开放招聘名额，员工合同到期后不再续签劳动合同，员工福利也随之缩水。

但那个时候却是我的好时候，也是“便宜”又有一定经验的新人的好时候，还是其他有能力的人的好时候。公司既然还没倒闭，就总有重要客户和项目。有些不续约的资深同事甚至借此机会与公司换了一种合作方式，后来成立了自己的公司。

好时候和坏时候同时存在。抛开那些对周期、大环境、就业形势、竞争对手和职场本身的恐惧吧。看似不可控的因素的存在，往往才是机会所在。风浪越大，鱼越贵。我们不是空手迎接挑战的，我们在过去、当下和未来进行的学习，都是我们的依仗、利刃和盔甲，享受挑战，也享受过程和结果。

因此，别害怕、别抱怨，任何时候都可以是好时候。如果你觉得还不够好，那就再等等、再想想、再往前走一步或者换个方向。做好自己应该做的事情，好时候自然会来！

# 03 - 上班和上学有什么区别？

## 这是两个完全不同的事情。

上学的目的是培养一个人自立的能力，包括经济、心理、精神及思想方面的独立。教育承载着个人发展的多重期待：既助力个人融入社会，获得职业发展，又推动其实现自我价值。所以，我们一般会认为上学是上班的准备期。上学是为了获得知识，是输入过程；上班是为了将所学付诸实践，是输出过程。现实中，知识学习与职业实践实际关联度并不高，这一方面源于教育目标与社会需求的脱节，一方面源于个体发展的社会性特征——人的本质是所有社会关系的总和，而学校教育仅是其社会化进程中的一小部分。

简单了解一下上学与上班的本质，可以帮助你更从容地面对身份、角色和境遇的转变，及时调整心态和思维方式。

上学，本质上是一种消费行为。个体支付学费购买老师的时间来学习知识，提高素质，属于“买家”，享受很多权益。

学校环境里，竞争大于协作，但这里也是集体生存智慧启蒙的时期。个体的时间和精力是被管理的，教学必有安排，课程必有教材，题目必有答案，这是一种被动学习。个体享有向老师与学校寻求帮助的权利，老师与学校理应承担服务的责任。这份时间与金钱的投入是投资型消费还是消耗型消费，只会影响到个体自己。如果你在上学，你需要关注的是你的投资回报。

上班，本质上是一种交换行为。个体付出时间或技能与公司交换报酬，属于“卖家”，享受很多权益，但也承担很多风险。作为独立的参与者，每个人必须独立面对各种挑战，无论是能力不匹配，还是遭受嘲讽、打压或孤立，都要靠自己主动学习、破局，没有人会为你负责，没有老师指导、没有课本参考，凡事也没有现成的和标准的答案。各凭本事的同时，协作是绝大部分工作的基础，个人不能只会单打独斗，要在团队里找准自己的位置，每个人都如此。如果你在上班，你需要关注的是你的付出与回报。

在未来的日子里，当你感到迷茫或困扰时，不要去回味无忧无虑的学校生活，也不要刻意淡化学习的苦。不妨将思绪聚焦在一个词上——回报。你究竟渴望得到什么？又真正收获了什么？当你拨开细枝末节时，就会豁然开朗。

# 04-如何提升投资回报率？

## 实践、交流和列出你的回报清单！

### 我们先来谈谈实践。

你所学的专业知识都应该是有用的、可实践的。如果你学的东西都派不上用场，那你需要主动创造实践的机会，同时有针对性地补充你认为有用的知识。

我上学的时候完全没有这个意识，但我很幸运，因为我的老师一直在为我们创造实践的机会。举个例子，当时我所学的广告专业，有一门课程叫传播学。期末时，老师说："这门课程的实践性很强，成绩除了包括笔试分，还包括实践分。你们可以用任何方法，只要能上报纸、上电视就能得分。当然，前提是要合法合规，且要是正面新闻。"

于是，我们小组为了得到实践分，准备组织一个活动。思路是这样的：母亲节快到了，我们注意到妇女联合会（以下简称“妇联”）主办了一个叫“母亲水窖”的慈善项目，我们深受触动。因此，我们打算在学校里帮妇联做一次募捐的活动——因为慈善活动这种有意义的事容易受到媒体关注。但我们并没有直接进行募捐，因为我们认为不能让做好事的人只得到情感上的满足。于是，我们做了一套精美的明信片，在学校申请了场地摆了几个摊位，搞了几场路演，主题是“给妈妈寄一张明信片”。为了方便邮寄，我们还贴心地准备了邮票，准备将明信片的销售收入全部捐给妇联。在这个过程中，我们进行了团队的分工与协作，包括明信片的设计与制作、工厂的选择与联系、线下活动的策划与执行。更重要的是，我们把传播学知识还原到了传播实践的环境中，每一个环节都在学以致用。

我们通过网络查询到了妇联的电话和地址，迅速与他们取得了联系，并展示了我们精心策划的活动方案。妇联的工作人员看了我们的活动方案后，提议我们把活动做大。最后，我们的活动如愿上了报纸，既扩大了活动影响力还取得实践分。一开始，这仅仅是一个作业。

## 然后，我们来谈谈交流。

大一的时候，我曾经送过一段时间的外卖。那时还没有智能手机和外卖平台，外来人员也不允许进入女生宿舍。如果女生想吃楼下食堂以外的餐厅，就需要打电话订餐，服务员会将餐送到宿舍大堂，然后女生自己下楼去取。如果女生要下楼取餐，除了要多走几步路，还得换衣服，这听起来就有些麻烦。这样一来，饭店少了一些生意，女生也少了一种就餐选择。

于是，有个同学发现了里面的商机，拉上我和学校周边的餐厅合作——帮他们发传单，提供送餐上楼服务，还可以预约点餐。我们每接一个订单就收两块钱跑腿费，既赚了零花钱，又能爬楼梯减肥。

在这个过程中，我与不同背景出身的同学就有关女生宿舍不允许外来人员进入这一规则进行了交流：公务员家庭出身的同学认为这是规则和制度，女生寝室的安全性很重要；家境富裕的同学觉得住宿舍不方便，不如出去买房，毕业后房子一卖还能赚个几十万元；家里做生意的同学则看到了其中的商机……每个人都有自己的看法。我由此开始思考，如果有足够多的合伙人，我们就可以联络更多餐厅；如果有智能手机，那这就是外卖App的前身。当时，我并没有觉得这是多么了不起的事情，但现在回想起来却震撼无比，这是一切变化的开端。虽然我没有学过相关知识，但我却理解了发现需求和满足需求是商业的本质。

当时为什么没想到呢？这大概就是自身的局限性吧：上学的唯一任务是读书，赚钱是以后的事情；毕业后的唯一任务就是找一份稳定的工作。

有些交流甚至是无声的。我发现那些父母在国企、事业单位（如电视台）、铁路系统工作的同学，他们上课从不迟到，总是坐在第一排，喜欢提问，课后拉着老师问东问西。虽然他们的成绩未见得比我好，但没课的时候，他们会去学院坐坐，跟辅导员聊天，跟师哥师姐交朋友，进学生会……这应该就是向上社交吧，这让我这种总坐最后一排的人感到汗颜。

其实，大学本身就是一个巨大的交流中心。跟书交流，跟老师交流，跟来自天南地北、家庭背景各异的同学交流，跟每个可以接触到的人交流，这样才会有意想不到的收获。与别人交流的目的不仅是与其成为朋友，共享资源，更是为了真正丰富认知，成为一个更全面的人。

交流需要主动性和包容性，是一种认知上的查漏补缺。然而，真正能做到有效交流的人却少之又少。大多数情况下，我们所谓的交流不过是为了得到肯定、验证自我或说服对方。许多事情我们并不是做不到，而是完全想不到；看到了也无动于衷。想要改变，唯一的方法就是打开自己，让那些无法想到的思想从外面流动进来。

交流是永恒的主题，我们应牢记这一原则。无论是求职过程中、工作中遇到的每一个人，还是通过网络平台接触到的每一个人，都有可能是命运之神安排来提点我们的。

## 最后，就是列出你的回报清单。

对于普通人家的孩子来说，有机会一定要接受高等教育。大学是我们开始构建社会关系和提高社会认知的重要途径。大学的意义远不止于课堂听讲、图书馆看书以及学历证书获取那么简单。在互联网时代，虽然知识变得更加容易获取，但这并不意味着我们可以忽视大学的价值。不然，我们何必考大学，直接在网上学习名校名师的公开课不就好了吗？

对于那些没有家庭助力的人来说，大学四年的积累将成为他们职场竞争力的主要来源。除了学以致用和全面交流，我们不妨在大学期间列一份回报清单。根据这份清单得到、找到或者做到以下内容：

- 增强自信心；
- 培养兴趣与爱好；
- 获得学习的方法与能力；
- 获得专业的知识与技能；
- 拥有明确的职业目标；
- 要有意识地规避学生思维；
- 要有意识地培养与人合作的意识和能力；
- 充分利用学校提供的服务和资源。

这份回报清单不仅适用于教育资源丰富的985和211高校的学生，更适用于那些对自己学历不满意的学生。作为自己的唯一负责人，我们应尽力在大学期间将可以接触到的资源利用起来，将身心、能力、信息、人脉和资源整合起来。

# 05-低学历有哪些优势与陷阱？

## 没有“长衫”的束缚，也很舒服。

2023年，“孔乙己的长衫”成了网络热词。随着就业机会的减少和压力的增大，部分求职者降低了预期，考虑“降级就业”。还有人在网上说：“如果我没上大学，就可以心安理得地去做服务员。”这一说法引发网友们的热议，很多网友纷纷表示想从事美甲师、理发师和宠物专车司机等低门槛职业。

这难道不是在说低学历也有优势？尽管新的职业类型层出不穷，但大学生的选择似乎仍然局限于那些看似前景光明选择范围却狭窄的传统领域。从某种意义上说，学历确实限制了他们职业选择的可能性。事实上，低门槛职业并不代表低收入、没有发展前景或无法带来更多机会，更不代表从业者没出息。没有“长衫”的心理压力，可以直接大展拳脚，低学历未尝不是一种优势。

稍微有点美术功底的人做美甲师，那么消费者不仅是为时间、技术和服务买单，更是为艺术付费；更理解女性需求的女性理发师应该会受到欢迎，并有着更多的发展可能，但这些可能性需要通过实践来探索，而不是空想；不拒载小动物甚至提供配套宠物服务的专车，能够吸引更多的宠物主人……我们对很多职业的偏见导致了对它们的想象力和开发远远不够。

低学历者最大的问题：对高学历有太深的滤镜。

有个高中学历的朋友曾向我倾诉他的烦恼。他在公司担任中高层职务，学历对工作的完成度和职位晋升没有任何影响。但每当听到下属、同事谈论自己丰富的大学生活时，他都会自觉低人一等，后悔没有好好学习。我说："你那么羡慕别人的大学生活，那可以发展下第二学历。而且，即使你只有高中学历，也凭借自己的能力做到了中高层，你自己不也很优秀吗？"学历分低中高等，但人不分三六九等，尤其不能拿学历作为区分人的标准。我们无法控制别人的想法，但自己不要对高学历有太深的滤镜。多认可自己的努力和能力，有余力、时间就去提升学历以满足自己的愿望；没有余力就学会自我接纳与拓展，持续提升自己。

我在工作中接触过很多学历不高的朋友，但他们在工作中表现得都很出色。这些人的共同点是：虽然学历不高，但他们一直保持学习的习惯，保持与世界沟通交流。他们直接绕过了"毕业后找份体面工作"的阶段，"不走弯路"，直接加速成长。大学是普通人改变命运的途径之一，但改变命运的途径并非只有这一条。

此外，这种自我学历霸凌可能带来的恶果，甚至被别人利用来伤害自己的情况我们更要警惕。我投资过一家健身房，老板高中没毕业却将健身房经营得风生水起。我没有问过他的学历，但他特别喜欢谈论自己的学历及学历无用论。直到有一天，他报名参加了某大学的EMBA课程学习资本运营管理。从此之后，他与人交谈总是以“我同学”开头，谈论着很多新鲜的名词和见闻，眼中充满了光芒。再后来，他信心满满地加入了同学的投资项目……再见时，他已成了失信人，靠离婚来躲避债务，银行、教练和合伙人都在起诉他。

他对高学历的人所说的一切都深信不疑，失去了对项目最基本的判断。哪有什么项目，都是局而已。他不过是这些局的目标受众之一。我们很容易陷入这样的误区：如果我们贫穷，就会认为富人的所有思维和判断都是对的；如果我们丑陋，就会认为美丽即正义，好看的就是好人……人很容易被自己没有的东西所愚弄。对高学历心存渴望没有错，但对高学历的人祛魅也很重要！

# 06-低学历人群如何低开高走？

## 学历是块敲门砖，但很多门是敞开的。

即便未能踏入高等教育的殿堂，但在中专、大专、职高及技校等以实用主义为核心、技能应用为关键的教育模式培养下，很多人依旧能够成为拥有专业技能的杰出人才。在一些工业、制造业企业中，某些技术岗位非技术型人才难以胜任，专升本毕业生因技能扎实且拥有本科学历而更受青睐，还有助于企业节省培养成本。其实，对学历要求不高的工作比比皆是，关键在于：我们要在工作中寻找机遇，这样，无论从事哪种职业，都有脱颖而出的机会。

与其花时间去纠正别人的学历偏见，倒不如在有限的时间里，胆子大一些，抓住机会。在这里，我给大家举两个例子。

## 案例一

### 高中学历的外企经理秘书小A

我的一位粉丝小A，虽然只有高中学历，却在外企担任经理秘书一职。她的英文水平或许只能以“学过”二字来形容。小A为了弥补这一短板，主动加入了我的职场社群，与人交流学习，并在闲暇时间广泛阅读，开拓自己的眼界，不断提升自己。当被别人问及是如何获得这份工作时，她回答说：“虽然我只有高中学历，但因为我的形象与岗位要求比较契合，再加上我有一些相关工作经验，所以我鼓起勇气投了简历，最终面试顺利通过了。”

不要害怕被拒绝。只要你对某个岗位感兴趣，并且认为自己能够胜任，即便条件不完全符合招聘要求，也可以勇敢地投递简历，尝试一下。毕竟，最坏的结果也不过是被拒绝，但万一有机会呢？学历固然是一块敲门砖，但经验丰富、形象出众、有内部推荐或熟人引荐同样能成为敲门砖。重要的是，先迈出那一步——去敲门！

## 案例二

### 从服务员到集团服务体验官

有一次，我去吃烧烤。在点菜时，我注意到一个服务员小B正在和隔壁桌客人聊天，他既不点单也不上菜，这让我感到好奇，他究竟是什么角色？点完菜后，小B主动过来与我攀谈。我顺势问道：“大拌菜的名字好像跟之前不一样了，是名字改了，还是菜式有所变化呢？”小B笑着回答：“变没变，尝尝就知道了，我给你们送一盘来尝尝！”像我这种受了人家恩惠的人，结账后肯定会给出五星好评的。

后来，我们又聊了一会儿得知，原来小B是1999年出生的，14岁就离开了黑龙江，开始从事服务员的工作。小B凭借摸爬滚打积累的人生智慧，再加上东北人特有的喜剧天赋，仿佛开了挂一般，只要和消费者一聊，就能收获好评。现在，他负责集团旗下三十几家烧烤店的服务体验官的工作，刚来这家分店一周，就让分店的评级提升了一星。小B笑着说：“你下周再来就看不到我了，我要去给新店开业帮忙。”和他聊完后，我不禁感慨，觉得他前途不可限量，他的价值远不是一个体验官的头衔所能衡量的，将来完全有能力组建自己的团队、创办自己的公司。

现代社会职业日益多元化和精细化，任何一项技能或特长，只要专精到一定程度，都能展现出其独特的价值，因此，不要低估自己的天赋和能力。如小B一般，即使你仅仅擅长聊天，但通过有意识的培养和锻炼，保持进取心和信心，即便无法成为脱口秀演员，也有机会成为一名优秀的体验官。只要持续学习，未来必定充满无限可能。

# 07-进入职场要做的第一件事是什么?

## 更新你的大脑系统!

前段时间有一个热门话题:"好员工一旦寒了心,就会开始摆烂。"很多人对此表示非常赞同,称自己就是这样躺平的。他们发现领导喜欢嘴甜的同事,自己做多错多,于是觉得摆烂反而更舒服。然而,这种想法是典型的学生思维:渴望得到他人的认同,不关注自己的目的,不注重解决问题,只顾着抱怨、委屈。

我也经常听到有人说:"在我们公司,汇报就是多此一举。我跟领导请示,他就问'你说呢?'那什么都我说了,还要你干吗?"这同样是典型的学生思维,认为领导全知全能,自己只需要等待指示和分配任务。"你说呢"并不是让你做主,而是需要你搜集、整理或消化基础资料,给领导提供思路,帮助他在最短的时间内作出抉择。后面,在关于汇报的小节中,我会提到更具体的案例。

这些想法在一定程度上影响了我们的职场竞争力。因此，我们进入职场的第一件事情就是把1.0学生思维版本更新换代为2.0职场思维版本：不再像学生一样面对、思考和解决问题，而是作为一个独立的人进入社会，参与价值交换。

什么是学生思维？我在小红书账号上发布过很多条关于学生思维的视频。有人会在我视频底部的评论区里说："学生思维是不是冒犯了'学生'这个词？"我觉得谈不上冒犯，就是时移世易了。学生不是一个贬义词，它是一种身份，那学生思维就也不会是贬义的。学生思维是在年龄较小、必须适应学校环境、教育体制的过程中产生的，具有合理性和必然性。它是一种状态，是彼时对待事情的态度与方式。

那么，什么是职场思维？职场思维就是用自己的知识、经验和技能，积极调动公司内外所有资源，发现问题、解决问题、创造业绩，以此来取得相应的报酬，并达成积累经验、自我赋能或者完成原始积累的目的。

我们可以这样理解学生思维和职场思维的区别。上学的时候，老师交代什么，你就做什么，考100分或者80分，都是优秀学生，但在职场中，情况就大不相同了。可能只有0分和100分，没有中间地带，只看结果。什么是100分？你觉得是100分，但领导可能只给你60分，同事给你30分，那到底谁说了算呢？就算你可以做到100分，但如果你的价值要依靠别人的交代才能实现，那评价也只是及格而已……

因此，毕业之后，不再是"等待老师交代""努力考满分”这两件事情了。

学生思维不是学生的专利，有的人一辈子都是学生思维；有的人没上过什么学，也同样深受学生思维的影响。

接下来，我会具体谈及一些非常典型且影响职场晋升的学生思维，需要大家有意识地规避，并定期做大脑“系统更新”。没有人能完全避免陷入学生思维，但你可以不断升级，成为更好的自己。

# 08-如何摆脱学生思维？

## 常见的学生思维有哪些？

### 第一种类型的学生思维：无意义竞争。

有个粉丝在社群里问："如果你们的领导是不知名的大学毕业的，你们怎么看？"我回答道："我会看他的业务能力、管理能力，他对我的信任程度以及他能给我提供哪些帮助，同时思考我的长处能否弥补他的短板。如果我的毕业学校比领导的要知名，那我会出于对他的尊重，选择闭口不谈。"

还有很多类似的问题，比如："最近单位有个评选，我在收集个人资料影印时发现，那位态度傲慢的女同事其实并非上海户口，她隐藏得太好了，我应不应该揭穿她？""我前几天和要好的同事在食堂吃饭时，无意间提到了大宝的账号，今天就有人在部门小群里转发了，我很生气，他肯定是偷听了我们的谈话！"

这些都属于无谓的烦恼和竞争。

学校是一个处处充满排名和比较的地方，竞争的训练贯穿始终。学生们的目的往往不是合作和贡献，而是争取个人的利益。这不是一个好现象，但我们似乎无能为力，那些从小就懂得创造和享受合作快乐的人，毕竟是少数，他们是真正的佼佼者。同时，我们也不得不承认，学校里的竞争在很大程度上是“有意义的”。

习惯一旦养成便很难改变。毕业多年后，我们依然怀念胜利的快感，不自觉地就会在各种方面进行比较，比如身高、长相、学历、户籍，甚至是谁先发现了某个有趣的博主，领导与谁多聊了十分钟以及谁更受同事的欢迎……

这种情况后果十分严重，因为大多数工作的基础都是团队协作。竞争必须是良性的、适度的且有针对性的。过度竞争会导致内卷，恶意竞争会害人害己。如果无意义的竞争过多，我们就会把过多的时间和精力浪费在他人身上，从而无法专注于本职工作。有些人喜欢用自己的强项去比别人的弱项；有些人喜欢用自己的弱项去比别人的强项，这会导致心理不平衡或自卑，从而难以保持良好的工作状态。

有些同事之所以让人反感，与他们喜欢制造无意义的竞争有关。比如，有些人认为结婚了就高人一等，于是通过指点单身人士的生活、介绍相亲对象等方式来彰显自己的优越感。这本质上都是学生思维的体现。

要知道每个人都是独一无二的。少一些比较，不被他人的标准所束缚，就能减少很多烦恼。

## 第二种类型的学生思维：任性主义。

有一个粉丝跟我说："我这个人任劳任怨，只是不喜欢向领导汇报而已。只要项目上稍微出了点问题，领导对我就是一顿数落。我为什么不喜欢找领导汇报呢？每次汇报，他都问这问那，浪费了大量时间，而且提出的意见也缺乏建设性。此外，他还不信任我，如果他再这样下去，我可能真的要考虑辞职了。不懂得珍惜我这样优秀的员工，对他来说无疑是一种损失。我相信总会遇到懂得赏识我的领导！"

这就是任性主义的一种。哪有那么多人会天生信任你，什么都会由着你的想法和习惯，批评你还得考虑你的感受？如果你已经尝试了所有方法来赢得领导的信任，比如调整汇报方式，但始终无果，那么离职或许是一个值得考虑的方向。但如果是像这位粉丝一样的思维，那这种不信任的局面其实是自己一手造成的，如果不主动作出改变，遇到下一位领导也可能会遭遇同样的困境。

此外，同事之间，同样不可以太任性。有些人若遇到同事在某件事上拒绝帮自己，他的内心会想：拒绝帮助我，是吧？行！那这辈子别指望我会帮你，我们就互相为难吧。这种任性主义的思维也要避免，因为帮与不帮的背后有很多原因。很多人都想学习拒绝帮忙的方式，为的是达到无痛拒绝的目的，避免交恶。拒绝有拒绝的方式，求助有求助的姿态，只要不离职，就需要探索和谐的合作方式，而不是互相为难。

反过来看，如果是别人任性呢？比如，同事A的座位靠近窗口，同事B说："窗帘拉下来点吧，光太强了，我看不清电脑了。"谁知道同事A说同事B娇气。下班到家之后，同事B有文件要发给同事A，却发现自己被同事A拉黑了。随后，同事B跟领导说："文件已经通过邮件发给同事A。如果领导着急的话，可以微信问问他，他因为拉窗帘一事把我拉黑了。问题不大，我先邮件联系他，明天看看怎么处理。"如果你是领导，你怎么想呢？

同事A随心所欲，无视场合地发脾气；不顾及他人的需求，因微不足道的小事而与同事闹矛盾；一言不合就将同事拉黑，对工作置之不理；不积极解决问题、不考虑利弊得失、不做长远规划，这些行为都属于任性。当然，任性并非完全不可，但它是一种需要自己承担后果的奢侈行为。

## 第三种类型的学生思维：自我主义。

有一个朋友刚踏上领导岗位，就碰到了一个"棘手"的问题——他亲自招了一位下属进来。初看时，这位下属热情洋溢、果敢决断、很有主见，但相处下来，我这位朋友却感到十分吃力，非得采用强势沟通的方式才能推动工作。

比如，这位下属会拒绝项目安排，其理由是："这个项目我不感兴趣，不感兴趣肯定做不好。”领导问他对哪个项目感兴趣，他会认真回答道：“都一般。”这听起来像公司花钱请他来上兴趣班。

任性往往伴随着冲突和负面情绪，自我主义的人总是我行我素，无视规则，对他人漠不关心，只热衷于自己感兴趣的东西，一切都看起来那么理所当然。

如果这种自我主义的人还能在职场上尝到甜头，那么他会进入下一个阶段：要求别人处处为自己着想，却对他人的需求置若罔闻；为别人做任何事情，都会觉得是牺牲；稍微受到一点规则的约束，就会感到委屈和难以忍受；一旦发生摩擦和矛盾，便会将责任推给别人；双重标准，同样的事情自己做就是对的，别人做就是错的。我也碰到过类似的案例。有一个群友最近被下属投诉，说他不公平。这个下属的学历在团队里是最高的，能力也是有的。这两三年，该下属一直在考公，经常请假复习、考试，群友也都批准了，连那些难得的考察机会都给了他。然而，最近一次考公失利之后，该下属的工作状态愈发随性：迟到早退、不催就不干活、工作糊弄被抓包连理由都不编、下班后完全失联、利用两个部门的信息差逃避工作。被人事部抓了几次考勤并处罚后，他便告状说不公平。

自我主义的人特别“挑领导”，想让他们发挥所长，需要花费更多的精力和时间，要洞察他们的优势和需求，研究策略和技巧，时间成本和管理成本都会更高。这也可以理解为一种“被动”。这种人如果没有特别的能力，大概率会被边缘化。

人必然是自我的，但过于自我的人，无论他们的角色是下属、同事还是领导，一旦失去“做自己”和“做事情”的平衡，就会需要他人额外的“关照”，从而给他人带来困扰。这种困扰就像一枚回旋镖，最终会伤到自己。

当我们意识到彼此之间存在分歧时，首先需要客观地分析谁的诉求更为合理。如果一直强调自己的利益，共同利益就很难达成，往后的利益争夺战只会愈演愈烈。

学生时代之所以能够自我，并不是因为真的可以这样做，而是对于其他人来说“无所谓”！

## 第四种类型的学生思维：帮忙心态。

很多职场新人都有这样的心理：我是一个新人，大家都是我的老师，我做的所有事情都属于帮忙范畴。我可以吃苦：领导需要一个方案，我可以做两个方向的方案。我为什么要判断一下哪个方向更好？何必集中精力做一个方案呢？我不能再多想一步，也不能再多问一句，因为这不是我的事情，我表明我的态度就好了。工作上的所有事情是领导的事，是老板的事，是公司的事。

拥有这种心态的人并不是喜欢逃避责任，而是对自己的责任定义不清楚。

职场新人一开始做的事情的确就是帮忙的事情：有人分配、有人指导、有人为结果负责。如果不是这样，职场新人会认为这个公司不靠谱。但如果职场新人永远被这样“照顾”，那他们就会错过迅速学习和进步的机会。

那些抱着帮忙心态的人晋升后，依然缺乏独立性和责任感。很多人即便做到了总监的职位，去客户那里开会时，仍然会让下属讲解方案；遇到突发状况，他们首先想的不是如何处理，而是如何追究责任。

那么，如何破解这一难题呢？

记得我刚上班时，很幸运地遇到了一位认真负责的领导，他对我事无巨细地进行指导，使我的工作既快乐又轻松。然而，有一天，领导因为滑滑板摔伤锁骨而住院，我的心态顿时崩塌了。我心想：他半个月都不能来公司了，我怎么办啊？没有他“兜底”的一周，我过得战战兢兢。但一周后，我就习惯了对自己的文案负责，开始与其他部门沟通协商，与客户周旋，接受各种评价，无论好坏。尽管那段时间，我的压力很大，但我的思考变得更加全面，锻炼也更加彻底，能力突飞猛进。等领导回来后，我反而不太习惯有人指导了。这也成了一个机会，让我继续探索向上管理的方法。

如何实现这样的成长呢？只要记住：任何事情，落到你的手里就是你的责任。无论领导和同事多么客气，多么喜欢说“来，帮我个忙”或“谢谢你，多亏了你！”这些都只是客套话，你千万不要认为自己是在帮忙。你需要有主见、有想法，并且做到有始有终，因为这就是你的工作。慢慢地，你会发现，你能够处理的事情已经不再是那些所谓的杂活了，工作的难度系数越来越高，但你却越来越游刃有余。

## 第五种类型的学生思维：绝对正义。

当代正义观念的核心要素涵盖合作、应得、需求与平等，而儒家的正义观念则强调仁、义、礼。在学校中，我们接受的教育理念也与上述观念大致相近。然而，在现实中，我们却常常发现不仁、不义、不礼、不合作、不应得、需求不满足以及不平等的现象比比皆是。“本应该”的理想状态与“实际上”的现状之间存在着巨大的差距。

我们期待和认为理所当然的很多事情，往往并不容易实现。比如，多劳多得、按劳分配、付出即有回报、努力终会被看见；在工作上寻求帮助时，希望同事能够积极响应；工作出问题时，希望犯错者能主动承担责任……这些都是职场中常见的困扰。

这是否意味着正义已经荡然无存了呢？不！如果是自己的事情，就需要自己去维护正义。困扰是用来解决的，做一个只会等待和抱怨的“乖学生”是没有用的。

举个例子，有位粉丝曾向我倾诉：团队中每个人的工资都差不多，而自己的工作量却是最大的，无论谁请假，都是自己来顶替。但轮到自己请假时，领导却会故意刁难。

面对这样的问题，这位粉丝可以尝试不同的策略和方法，比如，与领导沟通项目的分配原则和机制，提升自己拒绝的能力；或者设定自己认为合理的薪水目标，推动达成；或者制订跳槽计划，一步步找到相对高薪且公平的工作。

正义是我们对自己的要求，而不是对他人的期待。很多正义能够遇到是运气，遇不到就需要自己去创造！

## 第六种类型的学生思维：业务思维。

有位粉丝和我说："我曾是公司的销冠，整个市场是我从零开始拓展出来的。本来以为今年可以升职加薪，但最近公司挖来了一位有国际背景的高管，他带来了自己的团队，接管了核心业务，他们的工资普遍比我高。短短两个月，就把我排挤走了。"这其实就是业务思维的一种体现——认为只要干活、业绩好就万事大吉。

为什么拥有如此出色的业务能力的人还会丢掉工作呢？在这位粉丝的整段描述中，从未提及老板，只提了公司。但公司并非一个具体的人，而是一个抽象的概念。公司的背后有许多人，他们的利益与公司的利益并不是完全一致的。销冠被迫离开肯定是公司的损失，但代表公司利益的老板无暇顾及销冠并信任高管，高管在乎自己的团队能否顺利接管业务，更在乎以什么样的绩效留在公司，销冠很重要，但是无人在意。

人如果只秉持业务思维，平时不注重与老板建立关系、培养信任，不注意搭建和培养自己的团队，没有掌控核心资源，没有规划职业路径，一门心思只做销售，就很容易遇到这种危机。销售的基础是产品，销冠走了，公司的业务未必就会一落千丈，而销冠的下一份工作也可能会重复这样的经历。

因此，一定要审视自身与工作所需，能让你工作游刃有余的都是能力。如果你是个文案，你需要关注文案能力、策略能力、表达能力、沟通能力、学习能力等。除了具备业务价值，我们身处一个创意团队，还需要跟设计师、创意总监、客户服务部门等互相提供灵感价值、情绪价值和情报价值。如果只固守所谓的、单纯的业务能力，那么你的价值就会大打折扣，甚至毫无用武之地。

## 第七种类型的学生思维：个人主义。

有一位同事，我刚入职时对他还不算特别了解，但他给我的初印象是：极具责任感的一个人。这位同事一接到任务，就会立即投入工作。即使问他在工作上有没有问题，他也总是回答没有。实际上，即使有问题他也选择不说，只是自己硬扛。终于，他负责的一个项目失控了，这时他还感到自责，认为自己还不够努力。我告诉他："你知道'主导'一个项目这意味着什么吗？并不是所有的事情都要亲力亲为，而是要制定时间表、明确主次和分工，大家一起推动项目顺利进行。如果你发现分配给你的工作量超出了自己的承受范围，要立即提出来；如果回去盘算时间后发现无法按时完成，要提前告知上级领导；如果做到一半发现时间预估有误，要赶紧汇报。责任感并非来自死磕，而是来自对结果的保证。”

这类倾向于独立完成工作的人，往往对提升自己的能力有着强烈的渴望，对保持身身的独立性有着较高的追求，希望通过自己的努力来完成所有任务。在他们看来，求助就是示弱，完不成任务也是示弱。这种个人主义的学生思维在学生时代或许能给自己带来优异的成绩，但在工作中却可能适得其反。如果一个人对团队协作持抵触态度，喜欢独自完成任务，不喜欢被人指导，也不愿意指导别人，那么他就会失去很多学习和交流的机会，无法扩大社交圈子，也无法丰富自己的知识体系，还可能导致工作进展缓慢甚至失败。

上学时，尤其是在大学阶段，我们经常会遇到各种小组作业，这些小组作业的本意是锻炼我们的协作能力。然而，很多同学并没有珍惜这些机会，要么抱着自己能搞定的心态，要么干脆偷懒、应付了事，从而错过了这些宝贵的锻炼机会。

当然，我们也不能走向另一个极端：过于依赖团队协作，干什么都想找“搭子”。这种心态同样不利于个人的成长和发展。学会独立思考和独立行动是一个人走向成熟的标志之一。过于依赖他人会让我们失去自主性和创造性，也难以在职场中脱颖而出。

## 第八种类型的学生思维：评价绑架。

在儿童心理学领域，有这样一个真实案例：一位曾经被亲朋好友赞誉为聪明的小朋友，深受这种赞美的影响，对自己的智力水平抱有高度的自信。然而，她步入高中阶段后，却发现自己在学习上不再像过去那样得心应手，许多课程都难以跟上进度。尽管她尝试付出努力，但成绩始终处于班级的中下游。面对这种落差，她开始担心自己会失去“聪明”的光环，于是采取了一种消极的学习态度，即所谓的“摆烂”，不再努力学习，转而专注于打扮自己、参加各种娱乐活动，试图以此维持“聪明”的人设。在这种心态的驱使下，她整整三年都没有好好学习，最终在高考中表现糟糕。

我们在儿童时期或多或少都有过类似的经历，过于看重他人的评价而迷失了自我。很多人即便长大了，仍然会被评价所绑架，容易因为好评而过分自满，因为差评而轻易恼怒。另一种极端表现是，既然得不到好评，索性放弃评价体系——破罐子破摔。

由此可见，他人的评价仅仅是一面镜子，有多少旁观者就有多少面镜子，除了镜子还有照片、素描，还有我们的本体。在应对他人评价时，我们需要像使用手术刀一样精准地、熟练地剥离事实与观点，心怀感激地接受赞赏，同时，坦然面对自己的不足，鉴别批评的实质，保持对自我价值的清醒认知。

## 第九种类型的学生思维：情绪外化。

有个朋友提到自己最近感到困惑的事情，他和我说：“我在公司不加入任何小团体、不与同事一起吃饭、不害人、不推诿，工作上的任何合理的需求我都会配合，可为什么他们总想给我设陷阱，私下说我的坏话呢？不站队就这么难吗？”

这有什么可困惑的呢？就像狗狗的尾巴一样，高兴时就摇摆，不高兴时就垂下。虽然人没有尾巴，但人仿佛都有一条隐形的尾巴，在表情、言语和动作上显露无遗。你不融入他们的行为在他们看来是一种拒绝和疏离，他们自然也会以同样的方式回应你，甚至加倍奉还。情绪就像是一把利剑，还是一把双刃剑，必须配一把剑鞘来约束。随意表露愤怒、鄙夷、嫌弃、讨厌和不耐烦等负面情绪，只会激化双方的矛盾，所以最好避免让别人察觉。

在职场环境中，如果你过于挑剔、目空一切，他人也会同样看待你。你可能会困惑为什么饭局不带你、为什么聊的都是你的是非、为什么项目上合作不配合、为什么拒绝跟你同组……其实都有迹可循。难道我们不能像个孩子一样想哭就哭、想笑就笑吗？可以不要压抑自己的情绪吗？可以！我们的情绪的产生和展示都贵在自洽，即了解所有情绪外化的结果并能够承担其后果。不在意自己的处境、遇事打滚也不是不可以，而且我并不鼓励压抑情绪，尤其是快乐、钦佩、崇拜、欣赏等积极情绪。尽管这些情绪可能会影响他人，但也无伤大雅。

## 第十种类型的学生思维：答题思维。

有个实习生跟我说："我很乖、很听话地坐在办公室，领导吩咐我做什么，我就做什么，为什么他们还是不满意？"这像不像一个孤独的小孩坐在考场里，开始考试的铃声响了，但是没人来发卷子，或即使发了卷子但没有题目，不知不觉，考试结束铃也响了。

这是一种常见的学生思维——答题思维。只要有题目就能花样解答。但一旦开始上班，你会惊觉没有题目了，没人告诉你应该解决什么问题，尤其是对于无法从家庭中继承认知和经验的人来说，一切都是那么迷茫和不解——试卷究竟在何方？

其实题目是存在的，只是试卷变成了隐形卷。你为何选择进入这个行业？又是如何找到这份工作的？领导为什么将如此重要的项目交给你？领导为什么将如此不重要的项目扔给你？新人入职是选择被动等待安排，还是主动寻找机会旁听会议汲取经验？这些都是等待我们去发掘的题目，它们隐藏在工作的缝隙中，需要我们自己去发现、记录，再尝试解答。

解决这一切的关键，就在于一个词——主动。主动不仅是一种态度，更是一种能力。它意味着我们要主动地去发现问题并解决问题。无论你身处何种环境，都要避免消极等待，眼睛要始终聚焦在那些有待改进和完善的事物上，聚焦自己的需求，同时也要敏锐地关注他人的需求。有了想法和计划，就马上主动、勇敢地付诸实践。

看似天下无题，实际上处处是题，发现问题，比解答问题更超前、更重要！

## 第十一种类型的学生思维：知识主义。

有一个粉丝跟我说："最近公司有一款产品要做几场路演活动，需要频繁跟广告供应商打交道。"他发现自己很多东西都不懂，有点焦虑，问对方又怕露怯，问有没有什么书或课程可以快速学一下，想趁着休息时间补一补。

这个还真没有办法快速地补一补，一个项目可能有十万个细节，只有一种方法可以全部了解透彻，那就是你真的从头到尾去做一个项目。

认为什么都有书可以看，什么都有课可以听，这是一种典型的学生思维——知识主义。比如，面试紧张，就想找个面试培训班培训一番；跟老公总吵架，就想买本婚姻指导手册学习一下。以为自己课上了、书读了，就会了。如果没学会，就是自己的学习能力不行。

其实，有时候我们更需要的是经验，而非单纯的知识。经验是从实践中积累、从过程中提炼、从复盘中总结而来的。别人的经验往往难以直接复制，也无法提前完全准备。

那么，遇到不会的事情，我们应该怎么办呢？答案是在过程中学习！哪里不懂，就搞懂哪里，可以上网查询；向领导或资深人士请教；在职场社群中求助；自己摸石头过河，上岸后马上总结经验，及时复盘，自然而然就会了。

学生思维具有丰富的内涵，甚至像是一个包罗万象的筐。这个筐里还有许多未提及的思维和行为方式，这些思维和行为方式甚至是相反的：对所有人都小心翼翼或对所有人都不屑一顾；遇事不敢吭声与随时仗义执言；把问题想得过于复杂或过于简单。当然，筐里也有一些能让工作得心应手的思维方式。因此，我们应该学会筛选和运用这些思维方式，触类旁通，循序渐进。当你想要整理你的筐时，就已经在为未来的挑战做准备了。

# 09-家里人希望我考研究生怎么办？

## 成年人最重要的标志是：要有自己的想法。

我曾经对考研的想法是“没想过”，并非不想，而是压根儿没想过，这两个字从未在我的脑海中激起过任何波澜。大学期间，我身边有很多人早早地就开始准备考研，他们中有的不满意自己的第一学历，有的则梦想在大学里担任教师，考研是他们实现梦想的必经之路。而我，则一门心思地想要进入4A广告公司，对自给自足的生活方式充满了热情，我迫不及待地想要从事一份既高端又富有技术含量的工作，与有趣的人谈天说地，享受生活，天马行空地发挥我的创意。

如果你对研究生有着美好期待和一定程度的了解，那么你就可以开始备考了。如果你还不太了解，不妨找一些在备考研究生或已经是研究生的朋友一起吃饭、聊天，多了解一些信息。

我们回到最初的问题，如果家里人希望你考研，你应该怎么办呢？

第一步，多沟通。尝试探寻他们内心深处的真实想法，了解他们为什么希望你考研。他们可能坚信考研能为你铺设一条更宽广的未来之路或者早已为你精心规划了前行的蓝图；也可能他们并不完全懂你，只是执着于研究生的荣誉；又或者他们并不期待你的经济回馈，只是对知识充满尊重和渴望。

第二步，倾听内心的声音。不要只看别人怎么想，更重要的是要清楚自己内心的想法。如果你接受了他们的想法，那么你的顾虑又是什么？这是一个推动你畅想未来、规划人生的好机会。

第三步，仔细盘算。在作出决定之前，你需要全面考量多个因素。首先，思考自己是否热爱所学专业，了解当前的就业形势，以及评估自己是否做好了进入职场的准备。同时，你还需要权衡自己的专业是否需要通过考研来增强就业竞争力。考研并非儿戏，一旦决定考研，你需要明确自己的院校和专业倾向，充分了解自身的优势，制定合理的报考策略。关于考研的初衷，也要有清晰的认知：是为了学术研究，还是将其作为职场敲门砖，抑或是出于情绪上的缓冲需求？此外，考研需要坚定的决心和明确的目标，如果多次失利，你应该如何应对？如果你是全职备考，是否有稳定的经济基础？如果是在职考研，当工作与学习发生冲突时，你是否有足够的应对能力？

每个人都可以拥有和表达自己的希望，但这些希望并不一定会被满足。当你将以上问题一一想清楚后，你会发现家里人的想法已经变得不那么重要了。因为你已经有了自己的答案和行动计划。

# 10-家里人希望我考公务员怎么办？

**人生的很多困扰在于，既不想屈从安排，又迟迟不肯走自己的路。**

有个粉丝跟我聊，说自己喜欢摄影、摄像，但目前没有收入，只能靠父母资助。此外，父母都是国企退休员工，希望他能报考公务员，但他又喜欢创造性的工作，再加上考公失败过两次后信心全无，更不想复习了。因此，这位粉丝感到很苦恼，不知道该怎么办。

很多同学在毕业几年后才意识到，原来公务员是可以通过考试来争取的。有人从上大学起就开始为此做准备；有的人则似乎从出生起就注定了要走这条路。这体现了信息获取的差异性。如果家里人早早地为你规划了这条道路，你不妨思考一下是否愿意选择所谓的稳定的工作。我记得我大学时的第一位专业课老师曾和我说过："在广告行业，唯一不变的就是变化。"后来我发现，这句话适用于所有人、事和物。稳定与否暂且不论，首先要考虑的是，你是否真的想去考公务员。

面对这样的现状，你有三种选择。

（1）全力以赴地准备公务员考试并与父母约定这是最后一次尝试，然后拼尽全力，考完再做打算。

（2）坚定自己的选择，制订明确的计划，并准备好与家人沟通的谈判策略。

（3）什么都不做，只是与父母对抗并认为当前的处境都是他们造成的。

不要觉得家里人的想法是一种负担，很多人想要这样的支持却没有呢。如果你既没有经济基础，又只有想法而不行动，还不想按照他们的方式生活，那么你很容易陷入内耗。当然，内耗也不是全然不可取的，但你可以给内耗设定一个期限，然后调整好状态再出发。

# 11 -家里人希望我能回老家发展怎么办？

## 找到喜欢的土壤生根，是种子的选择。

无论是乡镇还是大城市，哪里都是人山人海，有人幸福美满，有人踌躇满志，有人勉强维持生计。所以说，没有绝对的好与坏，这取决于你的资源在哪里以及你是否真的喜欢你所选择的生活。可以从以下四点判断自己是否要回老家发展。

第一，不要只看家里人怎么说，更要看他们拥有什么，能为你提供什么。那些在小镇上，事业有成，混得风生水起的同学，往往是依靠了家长多年积累的基础。有人分享过小县城最舒适的生活状态：工作轻松、收入可观、离家近、遇事有父母帮忙，生活无忧无虑，医疗保障完善。然而，这种舒适并非小县城本身所带来的，而是诸多有利条件的综合体现。

第二，考虑你自己的需求、兴趣和正在从事的工作。家乡能够给予你什么？回去后你能从事什么样的工作？如果有回老家的打算，不妨提前考察一下可行性，以免像有些人那样，今年逃离大城市，明年又不得不回来。

第三，对于原生家庭让人不愉快的朋友来说，在决定是否回老家发展时要格外慎重。有些人的原生家庭就像仙人掌，虽然看上去郁郁葱葱，但扎手。因此，不要对自己进行道德绑架，疏离或许是最好的选择。疏离并不意味着断绝联系，而是根据距离的远近来保持动态平衡。一旦回去了，可能就没有回转的余地了。

第四，是否回老家发展这个问题并不需要立即作答。可以多见见世面，尽可能多地了解生活的可能性，才能知道自己选择的生活是真正想要的，还是不得不选的。这样做才是时间的正确用法，每一天都是人生的体验版，没有想好就继续体验吧。

找到适合自己的土壤生根发芽，是种子的选择，但你也可以先做一条漫游的鱼，探索属于自己的水域。

# 12 -为什么家里人总想左右我的想法？

## 因为你做不了自己的主。

如果你经常遇到家人希望左右甚至强制你做选择的情况，请提高警惕。

从小就没人能做我的主，我只听从自己的内心。你可以潜移默化地影响我，但绝不能支配我。我有很多表哥、表姐，他们大多是“学霸”，如今已有六位博士，有的在大学教授课程，有的在航天基地研究电池技术，有的在医疗设备领域深耕。在高考填报志愿时，爸妈只是轻轻地提了一句：“需不需要参考哥哥姐姐们的意见？”

我爸妈的优点在于：他们不懂的事情从不掺和，每个人的事情都由自己做主。他们会提供所有可用的资源，但用不用完全取决于我自己。自己作决定，将来我也不会因此而埋怨任何人。

如果你已经成年，却仍被视为需要服从家人意志的人，那么，你过去的人生中，至少没有展现出让家人放心的素质和主见。往后，你得更加为自己负责，面对每一个问题，都要先思考自己真正想要什么、为什么要这样做以及是否可以这样做。如果能明确这些，当你的父母想左右你的想法时，你的反抗就更有理由。

许多父母的失策源于认知的局限、资源的匮乏以及实践经验的欠缺。他们只剩下长辈身份所带来的权威，以及根深蒂固的私心杂念，总是希望子女能盲目地顺从他们的意愿。如果你想听父母的意见和建议，并且觉得他们的观点非常正确，那么不妨听一听。但我还是建议你培养一下自己的主见。容易被父母左右想法的人，也容易被他人左右想法。

我有一个朋友害怕作决定，遇到问题总是想请教父母、老公或别人。最近，她到了孕晚期，看起来很辛苦。她的老板给了她两个选择：一是居家办公，但只能拿80%的工资；二是坚持通勤直到休产假，但工资不变。老板认为这是在给她提供便利，但她认为居家办公并不会影响工作效率，因此，她想争取居家办公但工资不变。她的同事兼好友知道这事后，却调侃她说："差不多就行了，知足常乐！"她觉得朋友的话有道理，于是决定放弃争取。但她又想知道我是怎么想的，所以来问我的想法。

我回答道："我怎么想并不重要，你怎么想才最重要。毕竟通勤的是你，工资也是打到你的银行卡上。既然你有自己的主张，为什么不和老板沟通一下呢？你可以心平气和地和他聊。你是害怕老板的威严，还是担心他会拒绝你的请求？如果他不同意，你也没有什么损失。又或者，你经过朋友的提醒后认为，居家办公确实对工作有一定影响，只拿80%的工资也合理，也能接受。无论怎么选择，都最好是‘你自己觉得这样可行’！”

有的人永远不相信自己的判断，一旦别人有不同的观点，他们就会怀疑自己，想要盲从。所以，父母总想左右他们的想法，这能怪父母吗？现代人有一个习惯，遇到问题总想找责任方。就像商品出现问题时，人们会习惯性地找厂家一样，当我们自己出现问题时，也想找责任方。然而，每一代人都有其独特的成长背景和面临的挑战。我们首先要做的是，解决自己的问题而不是责怪谁。别抱怨，直接行动！从每一件小事做起，自己做主，获得正反馈，持续地相信自己！

# 13-如何改变父母的想法？

## 改什么改？赶紧剪断隐形“脐带”！

企图改变父母这个事情，没有人会成功。最接近成功的方法是课题分离。

我举一个典型的例子来说明。有位朋友在社群中分享道：“我真的受不了这种压力。我才离职两周，家人就来指责我天天不上班、没工作。我之前考过驾照，到了科目二就没继续，现在打算重考，已经下载了一些学习视频，还租了车，打算找朋友教我。我妈却说我该花的钱不花，不该花的钱乱花。我非常渴望她能理解我，看了不少相关书籍，但最终发现她是不会改变的，而我也不想改变自己来迎合她。”

人一旦出生，就与家人成了相对独立的个体。无论是妈妈还是爸爸，他们的想法、做法、要求以及价值观，都是基于他们几十年的生活经历所形成的。对于他们的吐槽、抱怨和不理解，我们其实无能为力，最关键的是要剪断那条隐形的

“脐带”。

根据这个案例，我想告诉大家要注意两个更为严重的问题。

第一，基因的复制性。我们可能会发现，父母那些看似离谱的想法和行为，已经悄然地隐藏在我们的言行举止中，包括我们看待问题的角度、获取信息的逻辑、与亲密之人的相处方式以及处理负面情绪的方法。慢慢地，我们可能会变得跟他们一样，他们执着于改变我们，而我们也在执着于改变他们，最终我们成了他们的翻版。

第二，婚姻的独立性。成年人的另一个大课题是婚姻。如果你将来选择结婚，那就不要过于关注原生家庭，过好自己的小日子就行了。试图改变或迎合父母，其实都是不必要的。最重要的是改变自己，提升自己的能力。随着时间的推移，很多困扰自然会迎刃而解。

这样看来，是不是就没那么苦恼了？允许自己做自己，允许别人做别人，哪怕是父母。回到开头的案例，不要过于关注别人的课题，回归自己的课题：哪些事情是可以与父母分享的，哪些是不必多言的；如何提升自己的技能；如何找到满意的工作；如何享受不上班的美好时光；等等。

# 14-人一定要上班吗?

## 并非每个人都必须上班，但人确实需要工作。

工作具有两个核心功能：一是实现价值交换，满足人基本的生活需求；二是实现个人价值。通过与社会进行价值交换，我们可以获取生活所需的“维生素”——无论是物质上的还是精神上的。

那么，为什么说并非每个人都必须上班呢？现代社会提供了多样化的工作模式。除了传统的全职工作（在固定时间和地点加入集体通过劳动进行价值交换，具备一定稳定性和保障性的工作）外，还有诸如兼职、远程、弹性、自主创业、自由职业等多种选择。

例如，在自媒体行业初期涌现了许多自由职业者，他们通过个人品牌、专业知识或技能提供服务，并形成了诸如脱口秀演员、短剧创作者、知识博主、直播主播、主持人、观影团团长等多种职业身份。此外，自媒体人还可以接广告、做编剧，打造个人品牌和产品等。

自由职业并非小众选择。据阿里研究院预测，到2036年，我国新型灵活就业者可能达到4亿人的规模。新型灵活就业职位涵盖平台电商、生活配送、生活服务、平台微商、知识服务、自媒体、平台直播、共享出行司机等类别。（数据来源：暨南大学经济与社会研究院与智联招聘联合发布的《2023中国新型灵活就业报告》）

你看，谋生的方式多种多样，传统的打卡上班只是其中之一。但是对于很多普通家庭的孩子来说，毕业后找份稳定的全职工作，似乎是他们能想到的唯一出路，这不仅是认知问题，也涉及原始积累、社会资源及其整合能力等多个方面。

我想提醒你的是：请务必相信，世界上发生的所有事情都可能与你有关，没有什么是绝对的。保持一颗好奇的心，去探索未知的可能性吧！

# 15-没见过世面怎么办?

## 煮面需要时间，同样地，见世面也需要时间!

见世面是指永不停止地去面对世界。没见过世面在工作中可能会产生两种影响：一是影响具体工作，二是影响心态。对于心态，我们只能坦然面对，因为每个人都有未曾见过的世面，我们只需要交给自己、交给时间，不必因为没见过世面而感到自卑。

那么，如何避免因没见过世面而影响具体工作呢？给大家举个例子。我在奔驰做公关时还没毕业，也没有驾照。虽然我没有直接的开车经验，但我会看很多汽车杂志和论坛，了解和记录所有看过的汽车术语。周末逛街时，我不看衣服只看车，走在路上会看车标、认车型、猜价格，上下班时听交通广播。2007年前后，在汽车相关的杂志、网站和发布会上，出现的大部分关于E级车的内容都是我写的。复印试驾记者的驾照、复印相关协议、催稿等工作虽然不是我的职责，但我会主动帮忙，目的是熟悉公司运营的每一个细节。

凭借这份工作经验，我顺利入职了梦寐以求的广告公司，服务的客户包括雷克萨斯。当时我有些膨胀，但很快就受到了打击。我发现新同事小C虽然毫无"做车"的经验，但他有很多"坐车"和"开车"的经验。我那么努力学习的汽车知识，小C张口就来。还有很多意想不到的故事。比如，他说："那款车一般，在国内没有，但我在新西兰自驾租的就是那款……"

后来，我释怀了，因为小C也有很多不知道的资讯、功能和术语，但他敢于承认自己的不足，敢于追问、认可和赞美。而我不敢承认，怕别人觉得我没见过世面。这种担心其实比没见过世面还要糟糕。他也成了我的"世面"，认识他之后，我懂得了如何正视自己的孤陋寡闻。

有时候，所谓的"没见过世面"是具体的、可解决的，那我们就花时间和精力去补齐。别人见过的世界是世面，我见过的世界也是世面，它们来自不同的人生体验，来自每个人的人生的每一天。去见、去体验、去丰富自己的人生，你也会成为别人的世面，无须与别人比较。

# 第二章
# 求职期

工作需要能力，找工作也是能力！

# 16-求职也要制定一份时间表吗?

## 必须的！无论什么项目，都应该有一份时间表。

大部分人都有一个人性上的弱点：他们对工作的责任心往往大于对自我的责任心。即使对工作不怎么上心，这个“不等式”依然成立。

如果你是一个演员，四处碰壁，无戏可拍，你可能会窝在家里感慨怀才不遇，沉浸在失业的痛苦中，期待等到一个机会。而如果你是艺人的经纪人，艺人无戏可拍，大家随时面临失业的危机。在这种情况下，你会怎么做？你也许就会主动去找选角导演沟通，即使对方冷脸相待，也会转头再想想办法。这就是人性的弱点，管理就是管理弱点。自我管理也应优先管理自己的弱点。可以尝试转换一下角度，“找工作”其实就是你“当下的工作”。你不是无业游民，你是“一人公司”的老板兼唯一员工。因此，你要调动自己的积极性，全方位地管理自己的时间、精力、金钱和“客户”。

你的一切知识、技能，只要是能用得上的，都可以派上用场。比如，我在野生效率法则课程的课件里做过一个“6P”的求职管理导图，即把自己当成产品（Product），给自己合理定价（Price），不断拓展渠道（Place），做好营销推广（Promotion），把求职当成项目（Project）来管理，并警惕骗局（对应“Protection”，即保护自己不受骗），以此指导自己全面推进求职项目。

当你认真投入求职项目中后，你会发现它其实很简单。此前之所以觉得困难重重，是因为竞争如此激烈，而你还在用敷衍了事的态度去应对。因此，必须打破这种恶性循环。时间表是最基础的管理工具。你可以新建一个名为“天塌了，倒计时”的计划表——以月为大周期，以周为小周期，按周分配任务、制定KPI、设立奖惩机制并进行复盘，最终实现目标。

# 17-如何制定高效的求职时间表？

如果你有项目管理经验，那么现在可以派上用场了。

如果没有，也别慌，以下是一份求职规划的大致安排。整个求职过程可以分为准备阶段、申请阶段、面试阶段和后续跟进阶段。你可以根据这个框架制作自己的表格，安排每个阶段的任务。建议使用在线文档，这样你可以随时随地更新内容、查看进度。每个步骤的注意事项，后文会陆续提到。

## 1. 准备阶段（第1—2周）

### 第1周：自我评估与简历准备

自我评估：分析自己的天赋、兴趣、技能、经验和职业目标。

目标职位：根据职业目标确定想要申请的职位类型，可以多选几个作为备选。

简历撰写：根据职位类型定制简历，突出与之匹配的技能、经验和成就。

获取反馈：请朋友或专业人士帮忙审阅简历，并提出改进建议。

修改简历：根据反馈意见修改简历，确保简历清晰简洁、没有错误。

转发语录：如果需要朋友帮忙投递或转发至社群，请提前整理好文案。

邮件撰写：投递邮件时，最好附上一份求职信，表达对岗位的重视、兴趣点及个人与岗位的适配性。

## 第2周：拓展求职渠道

目标公司：列出你心仪的公司，研究它们的背景、文化和职位空缺。

校招渠道：关注校园宣讲会和专属实习网站，发挥学校、老师和学长的作用。

社招渠道：整理和使用主流及行业垂直招聘网站，直接在应用商店搜索其官方App。

本地渠道：关注本地求职网站和人才交流中心，以及街道办和城区官方公众号发布的招聘信息。

人脉渠道：除常规渠道外，多跟前辈、同学、朋友、前同事甚至猎头沟通交流。

社交渠道：借助职场人脉类App，加入行业社群，关注行业公众号及机构、大V的社交账号。

职业活动：参加行业研讨会、交流会，了解更多就业机会。

信息记录：在在线文档里创建第二个表格“职位跟踪表”，记录公司、职位、感受和经验等。

## 2. 申请阶段（第3—5周）

### 第3周：申请职位

每天申请：根据职位要求准备简历，制定KPI，比如，每天至少申请30个新职位。

跟踪进展：更新职位跟踪表，记录申请进展，及时复盘并调整策略。

请求推荐：多参加线上、线下的社交活动，持续拓展人脉，寻找内部机会和推荐。

关注自我：在没有高频面试的时间段，持续提升技能、发展兴趣和锻炼身体。

### 第4—5周：持续申请和跟进

持续申请：根据情况制定并调整KPI，比如，每天至少申请10个新职位。

跟进申请：通过招聘App或微信等渠道，跟进已申请职位的后续情况。

更新技能：如果有时间，可以坚持学习新的技能，增强求职竞争力和职业竞争力。

持续复盘：复盘求职过程中的经验，尤其是需要改进的地方。

调整策略：根据求职进展，调整申请的策略和目标。

## 3. 面试阶段（第6—7周）

### 第6—7周：准备和参加面试

准备面试：研究公司背景，准备常见的面试问题及其答案。

模拟面试：与朋友或家人进行模拟面试，提升面试技能。

参加面试：准备好面试服装，注意要穿着得体，提前到达面试地点。

面试总结：复盘面试问题和表现，快速调整策略。

继续申请：即使在面试阶段，也要继续申请新的职位，保持求职的活力。

## 4. 后续跟进阶段（第8周）

### 第8周：后续跟进和反馈

跟进面试：主动管理每一个面试岗位的进度，并在在线文档里及时记录反馈。

调整策略：根据反馈优化求职策略，改进简历和面试技巧。

松弛有度：合理安排休息时间，即使忙于求职，也需要有放松的周末。

持续申请：每周至少申请10个职位，保持积极的求职心态，直到找到满意的工作。

制定一份详细的求职时间表，可以帮助我们有条不紊地投递简历、参加面试和复盘经验，从而提升求职的效率和成功率。此外，最好设定具体的KPI，比如，每天投递多少份简历、每周至少联系几个熟人拓展渠道。在求职环境好的情况下，这些方法可能不是必需的，但在竞争激烈或环境不佳时，这些方法就显得尤为重要。

# 18-求职间隙如何度过？

## 人，不是生而为工作的。

当我们满脑子都是求职的时候，别忘了一件事情——工作的意义是为了更好的生活。人不是生来为了工作的，更不是生来为了打工的，更好的生活是工作永远的目的。

求职间隙，正是一个绝佳的机会，让我们成为真正懂得享受生活的人，感受时间完全属于自己所带来的那份从容与质感。如果你能妥善规划自己的时间，那么找到一份理想的工作也将变得更加容易。

在这段时间里，你可以尝试做一些滋养心灵的事情。例如，阅读心仪已久的书籍，观看豆瓣评分前列的经典电影，注重饮食健康，保证良好的睡眠，坚持锻炼身体，关注能给你带来正能量的博主和演员，亲近大自然，做些力所能及的善事。同时，也不妨尝试一些对外输出和拓展的活动。你可以用文字、图片、视频或任何艺术形式来记录并展示你当下的所思所想；积极与老朋友相聚或是结交新朋友，分享彼此的心得，吸引志同道合的人。此外，你还可以利用这段时间来提升自己的技能与价值。如果你的英语水平有待提升，那就努力学习英语；如果你对时尚不够敏感，那就学习化妆与造型；如果你从事创意性工作，那么可以研究一下人工智能，以便在压缩基础工作时间的同时，将更多精力投入到真正的创意产出中。

当时间完全由你支配时，你便拥有了最大的自由。请务必珍惜并善用这段时间，让它成为你人生旅途中一段宝贵的经历。

# 19-为什么我的简历无效？

好的简历让人眼前一亮，无效的简历让人眼前一黑。

简历的本质就是让对方对你产生兴趣，有了兴趣才有进一步交流的机会，而交流就是潜在的机会。如果简历写得不好，可能会在筛选过程中被提前过滤掉，这本质上也是一种双向筛选的体现。你自称有创意、有耐心、销售能力强，但当简历成为你唯一的沟通方式时，如果无法有效地表达自我，无法吸引心仪的“客户”，无法成功推销自己，那么，别人凭什么相信你呢？

以下是对个人简历的七个关键思考点。

第一，形象很重要。尽管以貌取人不对，容易错失人才，但现实中形象仍然很重要。很多工作对形象有要求，形象不仅关乎美丑，还能传递气质和能量，体现与岗位的匹配度。如果可以，选择自己状态最好的几天去拍摄一组职业证件照，以贴近职业需求。人们对陌生人的想象往往存在局限，一张吸引人的照片能直观触发招聘者对求职者履历、能力和未来与之合作场景的联想。如果个人形象确实与岗位要求无关，那么可选择不放照片，但需通过其他方式展现优势。例如，设计师可以通过手绘虚拟形象来展现自己的专业审美与创意能力。同时，你还需要在有限的颜值和身高基础上，热爱运动，保持健康、自信和向上的状态，这些都可以改善你的精神面貌，进而提升你的简历形象。

第二，重点突出。简历的布局不是固定的，写完并不是结束。你可以根据所申请职位的要求，重点描述与职位相关的工作经验和技能，并将最相关的经验放在显眼位置，让人一目了然。海投简历有海投的效率，但针对性投递也不失为一种高效的策略。

第三，添加关键词。除了内推，大部分简历被选中，靠的是招聘软件或企业内部招聘系统的关键词搜索和匹配功能。确保目标岗位的关键词在你的简历中准确体现并频繁出现非常重要。因此，要认真研究岗位描述，撰写简历尽量使用行业术语。对于广撒网的职位，可以一键投递；但对于心仪的岗位，要着重处理。

第四，注重动词和数字的运用。多使用“提高”“优化”“管理”等强有力的动词，给人留下积极主动的印象；同时，结果部分多使用数字来展示，使成果更加明确和直观。

第五，美观简洁。冗长杂乱的简历易引发反感，一页纸简历是基本要求，密密麻麻的文字会让每天审阅大量简历的人事专员或主管花费更多时间提取信息。同时，务必注意拼写、语法和格式，确保简历的专业性，增强整体感。如果有作品需要展示，比如应聘设计师岗位时，可以单独制作一个作品集PDF并在投递简历时附上下载链接。

第六，集思广益。去找一些简历模板和简历制作攻略。但需记住，任何人的经验（包括我提到的所有内容）对你而言都是二手经验，未必完全契合你的实际情况。不同行业、不同企业、不同人都有差异。你要学会筛选和判断哪些建议对你有用，这是你的简历，不能马虎了事，不能别人怎么说你就怎么写。

第七，适度投资。请资深人士或专业人士帮忙审阅你的简历，提供反馈和建议。简历辅导和面试辅导已经是成熟的产业链了。用小钱买经验也是投资自己的一种方式。人有两种经验来源：一手经验是用时间换来的自己的经验，二手经验是用钱买来的别人的经验。这取决于你当下更看重效率还是金钱！

最后，优化好简历后发到自己邮箱，打开感受一下：这份简历是让人眼前一亮，还是让人眼前一黑呢？

# 20-如何在简历中突出优势？

**“如何”这个问题有时候反而简单，真正难的是意识到其重要性。**

简历整体如何突出优势呢？

第一，要有推销意识。简历是自我推销的工具，而非例行公事。你需要在字里行间、细微之处展现自己的优势以及与工作的匹配程度，因为招聘者往往没有太多时间去深入挖掘。

第二，明确你的优势。有些优势在各种情况下都极具竞争力，有些则对特定工作有加分作用，有些甚至可能对某些工作产生不利影响，因此不能一概而论。

第三，关于如何突出优势，你可以直接写出来或者提供线索让招聘者去发现，无论是在简历内还是简历外，关键是要让它容易被看到。

## 那么，你的优势具体是什么呢？

如果你的社交媒体账号粉丝众多且内容积极正面，那么有必要展示出来并附上链接或二维码，不要等待别人去搜索。但如果你的内容主要是吐槽同事、老板或传授“摸鱼”技巧，而目标企业只是一家普通企业，招聘的也并非话题性职场博主，那么这可能就不算加分项了。如果你的英文水平极佳，即使招聘需求没有明确要求双语简历，只要工作内容涉及对外贸易，或企业战略中提到拓展海外市场，或招聘需求里对英文水平有一定要求，你都可以附上一份英文简历。

需要注意的是，优势不是你写进简历别人就会相信的，有时候需要通过实际行动展示出来，比如，语言表达能力，甚至要绞尽脑汁去展示，比如，当争取一个需要管理经验的岗位时，即便你颇具优势，但上一份工作的头衔听起来并不包含这部分内容，那么你必须强调工作内容“负责跨部门项目的协调沟通”“负责接洽、沟通和管理代理公司，包括明确目标、建立沟通机制、分配工作和职责、监督评估工作进展，并建立良好的合作关系”，这些都可以算作管理经验的一部分。

## 找到优势，如何在简历里突出呢？

第一，不要事无巨细，简历不是周报。工作和项目履历的作用是展示那些真正能为你背书的内容。

第二，要有平台意识。有时候，我在看别人的简历时，会特别注意他们是否来自知名学校或公司，尤其是若能在这些地方工作三五年，就更好了，因为平台本身就是一个很好的背书。重点标注它们！

第三，要有品牌意识。我的简历中专门加了一页列出了入行十几年来服务过的客户的品牌标志。第一次整理这部分的时候，我都惊呆了，一页竟然放不下，删哪个不删哪个真的很难抉择。品牌意识不局限于广告行业，在其他行业同样重要。比如为知名品牌代工、给明星当网球教练，这些都是很好的背书。你可以用更直观的方式展示出来。

第四，要有项目意识。在展示过去的重点项目或明星项目时，务必优化项目名称。比如，“予灵岩《春节春茶》广告片”就不如“予灵岩2024春节档品牌营销战役《春节春茶》项目”来得更有吸引力。另外，项目的名字要有效，要可以展现其规模、级别、战略意义甚至想象空间。

第五，要有数据意识和结果意识。数据和结果是最有力的证明。比如，提升销售额20%、管理50人的团队、节省了30%的项目成本、一年内成功签约3个老商场改造项目。

**记住，你每一天的工作都是在为简历打工！**

# 21 -可以微信问好友是否缺人吗？

## WHY NOT（为什么不）？

内推的投录比远低于招聘平台，且周期大大缩短，是更为高效的求职方式之一。很多公司的职位在正式挂网招聘前，就已经完成了招聘流程。这是作弊吗？这是否对其他人不公平？其实，每个人的信息获取能力及对信息差的利用能力本身就是其综合能力的一部分；在私企和外企中，能够迅速找到合适的人选争取内推机会，同样是职场竞争力的体现。

我经常在社群里看到粉丝提问类似的问题：

“长时间没找到工作，可以微信问好友是否缺人吗？”——当然可以。

“担心尴尬怎么办？”——是尴尬难受，还是没有工作难受？

“和对方不熟也可以问吗？”——反正也不熟，先问问看，既是一个熟悉的机会，也是看要不要深入交往的机会。

“如何询问对方，才会显得不唐突？”——这确实很难。但如果对方正在为招人头疼，你的询问也是在帮他。很多人抱怨找不到工作，同时也有很多人抱怨招不到合适的人。想要降低打扰感，就要考虑你们的关系、打扰的程度以及打招呼的时间、渠道、话术和节奏是否合适。

害怕这害怕那，都是无用的担忧，会让我们错失很多机会。此外，广结善缘能带来意外收获，哪怕只是点头之交，也能在交流中减少隔阂。人脉并非贬义词，也不等同于所谓的“潜规则”，用得上的人都说好。

我一直认为，如果一件事认定了要做，那么除了“不好意思”之外，就没有其他需要考虑的因素了。赶紧行动起来，不要犹豫。即使没做好也没关系，因为你至少获得了经验。很多事情，别人能给你的只有勇气，而经验则需要你自己去获取。

# 22-如何评估每一份工作的薪资?

## 先往“死”里要！不给，他们会说的。

我的第一份文案工作的月薪是税后3500元，我当时不知道一个初级文案的月薪应该是多少，但我知道我需要多少。五险一金和个税等问题对我来说太复杂了，所以，我直接提出税后3500元的要求，但这种非常自我的方法并不值得参考。

## 那么，如何更全面地评估薪资呢?

首先，评估薪资需要考虑三个维度。

维度一：到手工资。这是每月实际进账的金额，直接影响你的日常生活开销。

维度二：年包工资。这是包括基本工资、绩效、五险一金、奖金、年终奖、餐补、通信补贴等在内的所有含税金额的总和。同时，你还需要了解公司的休息制度，比如是否双休、上下班时间、带薪休假的天数等。此外，公司是否提供职业培训机会、商业保险等其他类型的保障和福利也是需要考虑的因素。在评估时，要明确哪些部分是确定性的、哪些是绩效性的、哪些会在合同里写明。对于口头承诺，如果存在风险，要考虑是否需要录音以保障自己的权益。同时，还要留意一些细节，比如，公司是否提供应届生租房福利（如果你不住在公司提供的宿舍里，是否能享受该福利）、异地入职是否有搬家补贴及报销前15天酒店费用的政策。

维度三：薪资政策。你需要了解公司是否有每年固定频次的薪资调整机制及对应的流程和标准。例如，有的公司每年固定月份有一次调薪机会，最高比例可达15%～25%，员工需通过述职演讲来展示年度工作成果，由主管、部门领导和人事部门综合评估；而有的公司则实行“岗位基本工资+项目提成”模式的工资制度，入职后除非升职否则不加薪，员工收入与个人业绩强挂钩，体现多劳多得的激励逻辑。

因此，当你有多个工作机会可以选择时，要综合比较这三个维度，不要只看当前的到手工资。

其次，你可以参考薪酬调研报告来评估薪资水平。但请注意，这些报告可能会在你谈完薪资后才发布，因此只能作为参考。根据《2024年中国高职生就业报告》，2022届本科毕业班生和高职毕业生的平均月收入分别为5990元和4595元，2023届分别为6050元和4683元，整体呈增长趋势。如果你在一线城市的高薪行业工作，而领导却以你要求的薪资过高为由进行压价，那很可能是他们的谈薪策略。

再次，如何了解一个岗位的薪资范围呢？在互联网时代，很多信息都变得透明起来。你可以通过拓展招聘渠道来获取更精准的薪资信息。不要过于依赖自己的经验判断，因为你可能还没有足够的经验来作出准确的评估。同时，也要注意同岗位在不同公司可能存在的薪资差异。你可以多查、多问、多比较，并与资历相近的朋友交流心得。如果市场薪资水平不是很高，就把“我目前生活需要多少钱”这个数字作为底线。记住，永远不要亏待自己。如果公司无法满足你的薪资要求，他们会明确告诉你的，到时候再针对性调整求职策略或薪资预期也不迟。

## 最后，如何评估跳槽后的薪资呢？

一般来说，跳槽前可以再去查一遍招聘平台同岗位平均薪资，再计算一下你原工资的130%，你将得到同岗位平均薪资和原工资的130%两个数字。就业形势好的时候，优先报高一点的金额；形势不好的时候，可以保守一点；形势特别不好的时候，只能根据个人经济状况和工作机会再作评估了。

很多时候，工资并不由我们的能力和履历决定，我们甚至可能收到降薪的提议。如果你无法接受降薪，就不能自怨自艾，不能被动地等待机会降临，相信自己、肯定自己并主动创造机会，才能争取更高的薪资。人们常说“是金子早晚会发光”，但在新时代职场中，真正的“金子”不仅具备发光的实力，更会主动寻找机会展现自己的价值。

# 23-谈薪资也是一种谈判吗？

## 当然！这是一个互相磋商、交换意见、消除分歧并达成一致的过程。

很多人都会遇到这样的状况：面试过程十分顺畅，但在谈及薪资时表现得过于“保守”，入职后才察觉自己薪资谈低了，同岗位同事的薪资竟比自己高出30%。如何才能避免这种情况发生？

首先，要克服对谈金钱的羞耻感。如果觉得HR给出的薪资不合适，先好好协商，实在不行再放弃，这都不是什么大问题。谈薪资本质上就是一场谈判，你提出的薪资是经过深思熟虑的，要对自己有信心。

其次，薪资谈判的关键在于减少信息不对称，因此要做好信息收集工作。你应该多找参照、多打听、多参加不同企业的面试。掌握的信息越全面，薪资谈判的目标就越具针对性。

再次，在谈判策略上，有四个关键技巧。

（1）折中法则。这是最常见的讨价还价策略。例如，若公司初始报价薪资为税后8000元，但你预计有协商空间，你可以先提出10000元的目标薪资，通过协商，最终折中至9000元。反之，若你8000元就能接受，但预计对方可能能给出更高的薪资，那可先主动报出9000元，为协商留有余地，引导对方折中。

（2）区间范围。如果你能接受的薪资是税后8000元，那么可以提出8000～9000元的范围，给对方讨价还价的机会和空间，同时也给自己设定了底线。

（3）后发制人。如果你不是很确定，可以先询问对方这个岗位的薪酬范围和构成体系，先了解再报价。

（4）引入竞争。你是否只有一个面试结果在等？这只有你自己清楚。“我这边已拿到一个offer（录用通知），如果薪资差距太大，我可能需要综合考虑。”但不要说得太死，留一些回旋的余地。

此外，要警惕PUA式的薪资谈判。PUA全称Pick-up Artist，原意为“搭讪艺术家”，后来泛指在一段关系中一方通过言语打压、行为否定、精神打压的方式对另一方进行情感操纵和精神控制。“你的水平和公司的要求还有一定差距，但我们觉得你很机灵，想给你一个机会培养你。不过，你要求的薪资，公司肯定是给不了的，公司对这个岗位的预算只有3500元，我可以尽力帮你申请到4000元，如果没问题，我就走流程了。”这就是典型的PUA式话术，用贬低和制造“施舍感”来掩盖预算的不足。如果还没入职就开始遭受此类打压，那么工作环境可想而知。

最后，尽量不要裸辞，也不要让对方觉得你很需要这份工作。对个人来说失业后的压力或许可以承受，但家人可能无法接受你失业太久，进而给你施加压力，这样你的心态就容易崩溃。这种情况下，你在谈判中往往会缺乏议价的底气。

# 24-HR真的有面试人数KPI吗？

## 每个人的工作似乎都离不开KPI的考核！

我时常在社群里听到粉丝们的一些抱怨：面试经历十分糟糕，来回折腾了两小时，面试却只进行了五分钟，全程未聊到任何有价值的内容；HR提出的薪资和工作地点都与自己的期望不符，感觉自己就是去充人数的。还有人不解：HR在薪资方面太过斤斤计较，又不是花他自己的钱，为何如此卖力地压低薪资？其实，很多人对HR的工作存在误解。但事实并非如此。

第一，员工的薪资并不是由HR个人说了算的。它是由HR部门制定的薪酬制度决定的，部门领导或老板可能会在制度框架内进行微调。HR并没有那么大的权力决定薪资。很多人习惯与HR对抗，认为他们代表公司全力压低薪资。其实，HR更像是你的情报员，是你在完全陌生的面试环境中的唯一“内线”。如果说面试中有友军的话，那么HR就是唯一的友军。如果你顺利入职，那么HR就完成了一个“项目”，这是双赢的局面。由于

HR与你未来没有直接业务关联和竞争关系，因此他们更有可能成为你的助力。

第二，如果HR真的有KPI，那么也离不开三个维度：招聘质量、招聘速度和招聘成本。他的KPI无论如何也不可能是每天面试应聘者的数量，除非不是正经公司，如果不是正经公司，你也没必要去参加这个面试！

因此，与其纠结HR是否受KPI约束，不如聚集自身核心目标：明确自己的目标，持续提升自己的判断能力。

# 25-面试也需要“投资”吗?

## 其实你已经在投资了。

有个朋友一直找不到工作，我劝他说：“如果你想进大厂，不妨找找从里面出来的HR，请他们吃顿饭，让他们帮你看看简历，针对性地调整一下。”一顿饭其实不贵，但朋友却认为这是智商税。又过了半年，朋友还是没找到工作，我建议他加入一些付费行业社群，还可以和社群里的人喝杯咖啡，拓展一下人脉。一杯咖啡也不贵，他还是觉得这是智商税。直到现在，这位朋友还在家里待着。

其实，面试的投资，不仅包括金钱，还包括时间、精力、情感和心态等方面。为了保证所有投资不付诸东流，当需要花钱买经验的时候，我们也不要吝啬。

人在求职的时候，要关注自己的目的，并树立几个意识。

第一，不要觉得什么都是割韭菜。不然，当别人都已经入职并开始考虑如何向上管理、如何争取优秀员工荣誉甚至如何优雅地离职时，你还在那里守护自己那所谓的“智商”。

第二，任何期待回报的事情都值得投资。只要存在需求，就会有相应的产品和服务。如果你觉得自己搞不定某些事情，如优化简历、提升形象、准备面试着装、避免面试陷阱等，那就去网上搜索一下。有钱的话，可以花钱买经验；没钱的话，就花时间买经验。

第三，不要迷信任何看似专业的人。他们是服务提供者，而你才是需求的主导者。要用甲方的视角去看待你接受的服务：你为什么选择这家机构或这个团队？这个价格是否合理？可能存在的问题有哪些？你希望他们给你提供什么样的帮助？如何确保你能拿到想要的结果？

“死磕”自己可能效率很低，因此，从求职开始，我们就要培养团队意识了！

# 26-如何准备一场面试?

## 知己知彼，百战百胜。

常规面试通常采用行为面试法，即通过观察一个人过去的行为预测其未来的表现，而无须待其实际履行新岗位的职责后再进行判断。

很多基础岗位的面试会包含非常具体的“出题环节”。我个人认为，试岗需支付报酬应该成为一种共识，无论是按天来计算还是按任务来计算。否则，若企业每天面试5个剪辑师，每人试剪两条视频，那么一个月所需的视频就都剪出来了，谁还会愿意正式招聘呢？

行为面试法主要考察以下四个维度：过去是否取得过成果？总结了哪些经验？是否具备复盘的能力？是否能够在面试中有效地展示这些能力？

通过有针对性的回应，你能更高效地展示自己的能力。此外，行为面试法遵循三个核心原则，如果你能针对性地准备，

HR会更容易了解你。

细节原则。HR一定会追问具体的细节。没有细节的面试是无效的，因为缺乏细节容易让人产生疑虑。因此，你应尽量多准备和提供细节，比如，与其简单地说此次活动很火爆，倒不如说此次活动吸引了超过4000人次参加，其中50%以上是新注册的会员。

果因原则。HR一定会从结果往前倒推，追问原因或过程。比如，如果你声称自己是销冠，达成了1000万元的销售业绩，那么HR可能会问你是如何实现的。如果你组织了一个大型活动，那么HR可能会问你举办活动的目的是什么，是否达到了预期效果。因此，你需要提前准备项目的背景、策略、执行过程和结果，并梳理逻辑。

完整原则。HR一定会希望看到完整的行为示例。因此，你要预判HR可能提出的问题并设想系统的解决方案。比如，公司还没有市场部门，只有几个专员，而你应聘的是市场总监的职位，那么面试官可能会问你如何搭建市场团队。这时，你需要对部门规划、人员分工、招聘周期、团队预算和基本薪资等方面有所了解并逻辑清晰地表达你的看法。

此外，如果面对的是更加复杂的面试问题，是否有公式可以套用呢？如果你想快速生成全面且有逻辑的答案，可以遵循STAR法则。

S（Situation）情境：描述所处的情境和挑战，提供背景信息。

T（Task）任务：说明你的角色、职责和需要解决的问题。

A（Action）行动：阐述你采取的策略、方法和步骤。

R（Result）结果：介绍产生的结果，表明问题是否得到解决，以及你从中学到的经验。

为了让答案看起来更完整、流畅且适合口语表达，你可以在开头加一个P（Point），即一句话表明你的态度和观点，从而将STAR法则升级为PSTAR法则。

举个例子。HR问你："如果你是项目负责人，但团队成员拒绝你分配的工作，你会怎么做？"你就可以用PSTAR法则回答。

P：作为项目负责人，我的首要责任是把控项目进度并达成预期结果。遇到团队成员拒绝接受工作分配的情况，我会先分析问题根源——是主观意愿问题还是客观条件限制，再针对性地解决问题。

S：在我刚开始做项目管理的时候，确实遇到过这样的同事。有位同事会议迟到早退，接受了任务也未必按时完成，很是让人头疼。

T：针对此类情况，只有两种解决方法：要么通过沟通协调化解分歧，要么更换人员，但考虑到公司人手紧张，我决定优先通过沟通解决问题。

A：我私下了解过这位同事的近况，得知他即将考证，压力很大，对所有项目都尽量推脱。我也曾经历过这样的考试压力，所以理解他。于是，我假装不经意地与他聊起考证的事情并分享了我的笔记和收藏的资源。

R：从那以后，这位同事的态度积极了很多，能够按时完成正常工作任务。我们也经常一起讨论备考的事情，成了好朋友。因此，我深刻地认识到，了解是协作的基础。每个同事都是独立的个体，相同的问题可能有完全不同的解决方式。这也是我第一次领悟到管理的真谛。

你看，PSTAR法则是不是很好用？

# 27-如何克服面试时的紧张和不自信？

## 面试=我去看看他们公司是怎么一回事。

如果你能调整成这样的心态，就能放松许多。当然，除此之外，还有一些小技巧可以帮到你。

第一，接受紧张情绪。紧张是很正常的反应，几乎每个人在面试时都会感到紧张，不必试图完全消除它。与其在紧张中强行追求松弛感，不如坦然接受紧张情绪。对于首次参加面试的人来说，如果完全不紧张，反而可能无法充分调动情绪，结果也可能不尽如人意。

第二，脱敏疗法。虽然脱敏疗法原本是针对过敏性疾病的一种医学方法，但我们可以借鉴其原理来应对面试紧张。如果你对面试感到紧张，就多去参加面试，逐渐习惯这种场合。从一次、两次开始，逐渐增加到五次、十次……你面试次数多了，就会习以为常，紧张感也会逐渐减少。初期你可以选择非目标公司进行面试，通过这类经历积累场景熟悉度，以达到脱敏效果。

第三，反客为主。我第一次面试别人时也感到很紧张，但面试是双向的。你在求职，HR也在工作，双方都不容易。所以，当HR面试你时，你也可以把对方当作面试对象，去了解他们公司的情况。这种心态的转变，可以大大地减少你的紧张感。

第四，音乐鼓舞人心。试着创建一个歌单，里面全是那种一听就能让你充满自信和力量的歌曲。我每次听到*Havana*，都会幻想自己风情万种；听到 *I Will Follow Him*，内心就充满力量、无所畏惧。韵律是频率，振动是能量，音乐可以激发你的内在动力。

第五，多做运动。运动可以提高大脑中的多巴胺、血清素和内啡肽水平，这些物质都与情绪调节有关。此外，运动还能促进脑部血液循环，增强认知功能，如提高记忆力和注意力。不仅如此，参加团队运动还可以增加社交机会，减少面对面交谈的恐惧。如果你长期缺乏运动，静息心率会偏高。一旦面对压力时心跳加速，就可能导致思维混乱、语无伦次，从而加剧紧张感。因此，多做运动也是缓解面试紧张的有效方法之一。

### 那么，求职在即，具体来说怎么做？

自信并非天然形成，充分的前期准备是重要基石。建议创建“面试问题清单”，列出面试的常见问题（无论是20个还是

50个），覆盖自我认知、业务能力以及离职理由等不同方面。针对这些问题，写下你的答案大纲，先撰写再修改，直至烂熟于心。

接下来，便是扮演“练习生”的角色了。除了参加大量的实际面试和模拟面试外，你还可以打开前置摄像头，与自己面对面。调整仪态，注意表情管理——尤其是眼神交流，尝试展现出更有感染力的微笑，同时控制语言表达节奏。你可以自我演练，之后及时回看视频并复盘细节。此外，身体健康也是提升自我形象和自信心的重要因素。坚持规律的运动、保持健康的饮食、保证充足的睡眠，这些都是自信的源泉。

# 28-怎么完成加分的自我介绍?

## 这是一段solo（单人表演），是脱口秀time（时间），绝非流水账的堆砌！

自我介绍这一环节考验的是你的综合能力。你在准备这一环节时，不妨先写下来，然后反复雕琢，直至满意。记住以下几点精髓。

（1）简洁明了：力求在两分钟内搞定，避免冗长、重复及出现无关信息的情况，字数控制在300字以内。

（2）亮点突出：着重展现你的专业技能、工作经验和辉煌成就，若能以故事或对比形式呈现，效果更佳。

（3）量身定制：根据面试职位来调整自我介绍的内容，确保你所强调的经验、能力与岗位的需求高度契合。

（4）自信表达：勤加练习，确保在面试时能流利且自信地表达出来。

（5）真诚自然：切勿死记硬背，应结合实际情况，展现最真实的自己。

刚毕业的人，不妨多聊聊专业、性格、兴趣、特长、实践活动及职业目标，让HR一听便知你与职位的匹配度如何。而职场经验丰富的资深人士，则应着重展示你的得意之作、成功交付的项目及职业理想。

## 我给大家举个例子。

小J正在面试某社交平台的商务拓展岗位，他的自我介绍内容如下。

“大家好，我是Judy，你们可以叫我兔子警官，毕业于中国传媒大学广告学系。在4A广告公司，我仅用两年时间就从客户执行晋升为客户经理。感谢咱们这个平台，在新冠疫情期间，我因为无聊开始在这个平台分享做饭视频，意外做了几个月的美食博主。一开始，我对拍摄和剪辑一窍不通，但平台上的技巧视频让我迅速成长，两个月就收获了几万粉丝，还赚了点外快。作为这个平台的重度用户，我亲身体验到，这个平台能让普通人放大兴趣的价值，找到自我，甚至可能成为新的搜索引擎，真是一个超棒的产品和平台。在广告公司时，我曾负责过××（该平台竞品）的项目，多个项目都在我们广告公司投放。作为博主，我还加入了众多博主社群，对博主的需求有了更深入的了解。请相信我，我能胜任这份商务工作。”

小J的这段自我介绍，涵盖了他的基本情况、性格、个人优势、附加价值及岗位适配性，听起来既有趣又不单调。如果你有足够的创意，不妨也像小J一样大胆展示。年轻人嘛，胆子不妨大一点，只要与工作相关，何必拘泥于传统形式。

# 29-如何面试我的面试官？

## 要的就是你有这种意识。

面试是一个双向选择的过程，每个人都扮演着选择者和被选择者的双重角色。一旦你有了这种意识，就会更加重视自己的感受，从而能够更准确地评估公司的能力以及未来的相处模式。有三种方法可以评估公司的能力以及未来的相处模式。

### 第一种方法：愿景层评估

在面试他人时，我会给自己设置一道“附加题”：我是否愿意与这个人中午一起吃饭、下班后一起喝一杯或者在周末相约打球？这并非仅凭眼缘和感觉，而是基于一种深层次的考量。通过这种方式，我成功招募了许多优秀且志同道合的伙伴，即使他们离职后，我们依然保持着联系，一起聊天、喝茶、吃火锅。

对于我的工作来说，需要花费大量时间和同事一起开会、讨论方案、交流想法，因此聊得来、合得来是基本要求。对于文案、设计师等常规岗位来说，掌握相关技能的人众多，薪资相近的情况下，能力往往相当，而合作效率的差别往往比个人能力的差别更为显著。因此，在面试同一岗位的人中，如果能力相差不大，那最大的差别就在于合作效率。

同样地，你也可以从自己的角度去感受面试官。你看这个面试官是否顺眼？是否愿意向他汇报工作？是否敢于向他求助？是否有不懂的问题想向他请教？向上管理是从面试时就开始的，如果面试时就觉得这个面试官难相处、没能力，那么不用入职，你也知道后面的路不会好走。

## 第二种方法：感受层评估

在面试过程中，你是在艰难地接受审问还是在愉快地聊天？是如坐针毡，还是意犹未尽？如果感觉不舒服，那就说明你们可能不是一路人。有些人喜欢用“不善言辞”“没时间客套”“喜欢说重点”等理由来掩饰自己沟通方式的贫乏。但我与很多平时看似嘴笨、行为举止怪异的设计师和程序员聊天时，感觉非常愉快。因为，他们会敏锐地捕捉并探索与自己专业相关的内容，再用朴实的话语与我沟通。

如果面试过程像审讯一样，说话教条，缺乏灵活性，那就说明面试官可能缺乏沟通技巧。而高手则会避免程序化的问题，能够捕捉到敏感词并与你深入交流。

### 第三种方法：问题层评估

将面试官提出的问题列出来，不仅可以整理出面试中的常见问题，还可以观察他的问题是否与你的谈话内容相关。高手不会强制进行输入输出，而是会避免程序化的问题。

比如，当你提到最近参与了一个线下活动时，无论你说得多么眉飞色舞，如果面试官只是冷冷地问：“你这个项目的KPI是什么？分工是怎样的？难点是如何克服的？”那就说明他可能是在按套路出牌。而自信从容的人会捕捉到敏感词并深入交流，比如询问这个活动是否有有趣的经历、从中获得了什么经验等。

面试也是一种学习和自我成长的过程。有底气的面试官会认真倾听你的话语，不会拘泥于既定的提问流程。这样的领导在未来的合作中也会更有主见、更有能力，更容易让你学到东西。因此，在他成为你的领导之前，多进行评估；而在他成为你的领导之后，就不要总盯着他的短处不放。

# 30-离职相关问题如何回答?

## 一一列出来，一一想一想。

经典问题，你这空窗期有点长啊?

当你被问及空窗期较长时，应理解HR的好奇心。如果你作为HR，面试了一位各方面都合适的求职者，却发现他有一年没有工作，你难道不会好奇他这段时间在做什么吗?会问仅仅是好奇心的驱使。有时候，我们不必过于抵触或充满敌意，HR可能只是想要一个答案，并非故意刁难。当然，有些HR可能根本不会问这个问题，因为他们深知当前的就业形势和平均空窗期的长度。

很多人面对这样的提问，回答的原因都很常见，比如，考公、考研、创业、想休息一段时间。但最重要的是，你在回答离职原因时，要本着对自己负责的态度，可以在真实理由的基础上加以润色，保持真诚，一两句话带过即可。

除此之外，还有很多离职相关问题，回答时可以掌握以下四个原则。

第一，隐瞒不等于欺骗。不能“问了不说”，但有些事情“没问就少说、别说”。

第二，不要撒有可能被拆穿的谎。撒谎是硬伤，是道德问题。

第三，不要在公开场合说第三方的坏话。不要逐一说出每家公司的致命弱点和离谱之处，这可能会让HR对你的能力、态度和人品质疑。

第四，离职原因要为本次面试服务。要展示自己的优势并起到正向引导的作用。

**我给大家列举几个回答的参考模板。**

如果是个人原因被裁员，那你可以回答：“由于公司整体架构调整，我的发展空间被压缩。因此，我重新审视了自己的职业目标，认为在那里继续坚持的意义不大。”又或者这样回答：“领导安排我转岗到其他业务线，但新岗位与我的职业规划不相符，因此，我选择离开。”

如果是公司原因被裁员，那你可以回答：“由于公司的效益不好，公司经历了大规模的组织重组。这段时间我学到了很多，现在只能期待在新环境中运用和扩展这些经验了。”

如果是因为工资水平低，那你可以回答：“我一直本着多学东西的心态工作，没有太在意薪资。但近年来，我的业务能力大幅提升，为公司创造了百万业绩。虽然领导也帮我争取过薪资调整，但公司没有完善的薪资奖惩制度。为了更好地与市场接轨，我决定寻找一个能实现我价值的岗位。”

如果是因为公司没有上升通道，那你可以回答：“公司没有完善的晋升制度。虽然我一直被领导重用，负责公司的核心业务，但公司没有清晰的上升通道。因此，我想挑战一下新的机会。”

如果是因为工作内容与自身性格不符合，那你可以回答：“由于公司业务调整，入职后，我发现我的工作内容发生了变化，不符合我的职业发展方向。虽然我尝试过调整心态、熟悉新岗位，但最终还是觉得不太适合，所以我选择了辞职。”

# 31 -面试过程中，遇到离谱的问题怎么办？

## 有的问题离谱在于题面，让人摸不着头脑。

再离谱的问题，其背后也必有目的。

我举个例子。有家大厂在招聘产品经理时，提出了这样一个面试问题：“一杯牛奶倒入大海后，你怎么拿回来？”这个问题与“领导想要天上的星星”“如何在800杯水中快速找出加了糖的那一杯”等一样荒诞。HR问这些问题真的是想考察面试者的奇思妙想吗？不是。这类问题并不需要面试者提供具体的解决方案，而是需要面试者不断追问，当我们开始尝试解决问题时，其实已经踏入了问题的陷阱；而真正的答案，往往隐藏在这些追问之中。

比如，面试者可以追问“这杯牛奶为什么会被倒入大海？”“是谁要这样做的？”“牛奶的品牌、规格、包装是怎样的？”“为什么需要将牛奶从大海中拿回？”“如果我把牛奶拿回来了，又打算如何使用？”……在你尝试把牛奶换成项目后，好像就能理解HR问这个问题的意图，从而更好地把握问题的本质了。这类问题通常不会问设计师或保洁人员，但会问产品经理，因为产品经理的工作就是解决问题，哪怕是那些令人哭笑不得的问题。HR无非是想通过这些问题，考察面试者发现问题、解决问题的能力。

因此，当你在面试中遇到离谱的问题时，首先要思考的是这个岗位的职责是什么，然后你就知道应该如何解答了。

# 32-HR对我进行背景调查，需要担心吗？

## 如果你没有重大的隐瞒，那问题不大。

背景调查，简称背调，通常涵盖学历验证、工作经历核实、技能验证、信息验证、信用记录、犯罪记录以及社交媒体审查等内容，具体范围可能因行业和职位而异。如果面试者提供的信息存在不准确、不完整甚至是恶意欺骗和隐瞒的情况，可能会导致背调不通过，进而影响入职。

不同行业对背调的要求各不相同。有的行业可能没有背调环节；有的行业需要进行政审；有的行业只有高级职位才会进行背调；有的行业有正规的背调流程，会委托专门的调查公司进行。

如果你没有“不可告人”的秘密，那么无须过于担心背调，只需配合提供相关信息和联系人即可。正规的公司通常不会窥探员工的隐私。如果你对某些信息的提供有所顾虑，可以尝试与HR沟通，了解信息的用途并寻找折中的解决方案。如果你担心前领导或前同事在背调中给你差评，你也大可放心。因为如果评价过于离谱，公司通常会与你进行沟通，你只需要解释清楚就好。

如果你有一些“秘密”需要隐瞒，最好提前与HR打招呼。因为很多时候，隐瞒这种行为会让一些原本不重要的事情变得重要起来。我有个同事，跟前领导大吵一架后离职，对方声称“会让他付出代价”。这种情况，最好在提及离职原因时轻描淡写报备一下，“跟领导的方式和理念有些不合，做过激烈沟通……”与其背调时暴露“向上管理”的短板，不如提前打个预防针，但是注意不要说太多。有风险的事情早沟通，早说早安心。

# 33-我需要对公司进行反向背景调查吗？

像对方对你进行背调一样，你需要一项一项去确认对方的信息。

对即将入职的公司进行调查，我们通常称之为反向背景调查，这是确保新工作环境符合你期望的关键步骤。

在面试前，你可以充分利用互联网资源，浏览公司的官方网站，了解其使命、价值观、产品、服务、管理团队等基本信息。同时，查看公司的年报、新闻、财务报告、IPO文件（如果它是上市公司）等，以获取更深入的了解。此外，你可以搜索与公司相关的新闻，了解最近发生的事件、取得的成就或存在的问题。如果公司频繁因为压榨员工而上热搜，那你就得做好心理准备了。同时，你还可以查看公司的社交媒体账号，了解公司的动态和形象，包括员工的评论、客户的反馈以及公司如何应对公关危机等。在职业社交平台或职场社群中，你也可以收集到员工的评价。你还可以使用企查查等工具，了解公司是否涉及法律纠纷或诉讼案件，可以查看相关监管机构的记录，了解公司是否有违规行为。

在面试时，多观察工作环境和员工氛围，深入了解公司的福利政策，包括医疗保险、带薪休假等，并将这些信息记录下来。待面试结束后，你可以向熟人咨询是否有人对该公司或团队有所了解，以获取风险提示和一手信息。

有些问题可能需要你入职后才能发现，但至少，通过反向背景调查，你可以有个心理准备。反向背景调查不仅有助于你评估公司的工作环境和发展前景，还能让你在面试和薪资谈判时更加自信、从容和有底气。

倘若有人和你说这家公司不好，你是信还是不信？你可以多问几个人，如果都说不好，那至少说明这家公司是有问题的，但你还得进一步了解具体是什么问题，不能完全相信这些评价，最好是能了解到具体的原因。比如，有人说这家公司需要避雷。那你就得问清楚：“为什么需要避雷？是因为晋升路径堵塞、承诺的加薪只是空谈、客户流失严重，还是公司管理乱？”了解到这些具体的原因才是最重要的，而你是否在意这些原因或者是否有办法去规避这些问题呢？

很多评价并不完整，因此，对信息的接受、识别和处理都需要我们具备一定的能力。

# 34-回去等消息，就是没消息吗？

## 当时就决定的公司极少，也不靠谱。

在稍微正规点的公司，面试结束后告知候选人“回去等消息”是基本流程，是常见的礼貌话术。竞争这么大，任何一个岗位都不可能只有一个候选人，有可能需要几轮面试来综合评估。即便面对的是一个优秀到光芒万丈的候选人，但面试官可能只是主管，他没有最终决策权，就算他有决策权，也需要汇报和走流程，甚至需要对候选人进行简单的背调。所以基层员工几乎不可能遇到老板当场拍板、直接邀请你入职的情况！

我们经常面试广告模特或者活动模特，这种看重形象和表现的选拔，也没有当场敲定人选的，一方面可能还要安排下一场面试，一方面也要考量其他公司的模特，怎么也得再讨论讨论，对比一下，最后选出几个模特让客户作决定。即使客户在现场，他也未必是有决策权的人，即便其当拍板确定了人选，也得补个邮件留痕，以免后续出现责任争议。等所有流程确认完毕后，再通知面试者。在此之前，模特只能凭感觉知道自己的“胜算”！

不要灰心，除非你根据自己的面试表现和对方语气，看出了什么端倪。录用谁，有时候也存在机缘巧合，你可能不是第一人选，但有可能是offer的“第一顺位继承人”，甚至作为“第二顺位继承人”也能入职！

说领导最近在休假，是没戏吗？

我的观点一直是，只要没有明确拒绝就还有戏。但不能干等，保持期待，保持沟通，按求职时间表继续往下进行。领导休个假很正常，HR也可能休假，主管也可能休假，如果到了约定时间没有回复，该问就问。

国内的环境已经卷到——一旦提到谁在放假，都好像是在找借口。比如，财务在放假，就是不想打款；领导在放假，就是把求职者当作备胎，想暂缓告知结果；求职者在放假，就是没有工作，只不过美其名曰“放假”罢了。中国人太难了，从你做起，从我做起，放过自己。

**一切没有明确拒绝的，统称有希望。**

# 35-offer可能会带来哪些问题？

## 给与不给，接与不接，全是问题。

问题一：被拒绝后，如何回复HR？

对方给你offer，你也未必真的会去，求职本就是双向选择的过程。感谢彼此付出的时间，略表遗憾，不必为此过度沮丧或心灰意冷。

很多人会向HR追问：最终录用人选是谁？对方什么背景？自己与对方存在哪些差距？HR觉得自己哪里不符合岗位要求？这都是因为自己对这个机会很重视，所以很在意招聘方的评价。其实，很少有人真的会告诉你哪里需要提升，徒增工作量不说，指出你的不足，你还未必领情，而且很多人喜欢去社交媒体“挂人”，多一事不如少一事。

所以，就算对方说了，基本也都是敷衍。毕竟到目前为止，你们只是彼此的过客。过客跟我聊这个，只有一种情况我会认真回复，那就是我想交这个朋友，但是如果想交朋友，话就不能说得太苛刻，这就很矛盾了……所以，可以问吗？想问就问，但不要太相信答案，不回复你，也不要觉得太离谱！

而很多时候，或许只是眼缘的问题，又或者“对手”有关系，甚至是性别、长相、籍贯、星座、MBTI这些说出来你可能都不信的原因。

## 问题二：一开始拒绝，后来又说可以入职怎么办？

为什么一开始拒绝我，我是不关心的，是“顺位继承人”怎么了，能“继承”就好。我只关心我是否真的想入职、真的可以入职，以及这是不是个难得的机会。是，就走流程！

入职之后，很多八卦自然就来了，想不听都难。若你非要打听，HR可能会花两分钟给你编个理由，或者直接说：对，对对，对对对，你是备胎，原定的人没来，怎么样，还来吗？

## 问题三：成功入职，如何礼貌婉拒备用offer？

两个字就足够：礼貌！

第一，不要拖太久，敲定好答复时间，别人在等你的答复，犹豫太久才说不去，就不礼貌了。

第二，表达对对方公司、主管及人事的认同和赞赏。

第三，找一个不伤害对方的理由。如通勤有点远，薪资有点低负担不了生活等。

第四：希望未来有机会加入，不要把路堵死。

第五，记住！一定等拿到offer再拒绝，甚至成功入职后再拒绝，不然会遇到下一题！

## 问题四：推了一些offer后，心仪的offer黄了怎么办？

“冒昧问一句，咱们之前聊的岗位找到人了吗？”就足够了！

“没有？太好了！嗨，之前男朋友工作稳定，离咱们这有点远，通勤两小时，现在没有这个问题了！分了！”不需要再补一句：您看我还有机会吗？表明立场足够了，看对方怎么回复。

复盘的机会也来了：不确定的事情，不要手太快、嘴太快；拒绝的理由，要有反悔空间；真的想回头，面子都是多余的，大家都欣赏勇敢的人。对方这次如果拒绝你，那是因为招到人了，而不是因为你明明适合，却因你之前拒绝过而刻意不用你。如果真是这样，这团队里的人也太难相处了，不去也好！

## 问题五：签完offer后，发现不能按时入职怎么办？

严谨一点，你不能按时入职，对方取消offer也不是不可能。但好在大家都没那么严谨。

最重要的两个字：交代。第一时间沟通说明情况，说清楚不可更改性在哪，你做了什么努力，你会有什么补偿。表达歉意的同时，最好能主动联系主管，问问目前能做点什么，争取“宽大处理”！

你要知道，HR说“没事”，不一定真的没事，因为你能耽误的事一般是主管负责的具体业务，HR能说你什么呢？毕竟，若因为你晚几天入职就取消offer重新找人，只会增加他们的工作量。即便你晚几天入职本身影响不大，若前一天晚上才临时通知大家，影响也会被放大，至少会让大家心里不舒服。在职场中，事事有交代很重要。若自己的“不好意思”产生的不好影响，需要别人买单，就没意思了，职场形象要扣分。

## 问题六：还没给正式offer，新公司HR就催着离职怎么办？

每个人都在规避风险。如果你是HR，公司流程繁琐，但主管点名要人，入职刻不容缓，你只能催求职者，你只是在完成自己的工作。

这个问题有时可以用信息差解决：我知道我没跟公司提离职，但是HR无从知晓，那我就说已经提了。但是这样说仍有风险，所谓“离职倒计时30天”需以正式提交离职申请为生效前提，仅靠口头声称并非万全之策。

“好的！我已经大概跟领导说了，这几天他要跟我聊聊，领导一直很器重我，没有确定的offer，我都不知道咋谈了。所以咱这边什么情况？有点不踏实了！”

首先，我提了！

其次，还没批！

再次，领导肯定会争取我，我应该怎么跟他聊，主要看你们offer是否发出！

最后，反向催促一下！

我理解你的工作，你也得理解我的难处。

## 问题七：拿到offer提了离职，HR反悔了怎么办？

前几天有一个热搜，有人说，“无语死了，我人在杭州，昨天拿到了深圳某公司的offer，约定一周后入职，今天提了离职，还拜托朋友帮忙在深圳找了房子，结果HR突然跟我说，着急用人，其他候选人已经入职了，不用来了……”

《民法典》对于缔约过失责任的规定主要体现在第五百条。根据该条款，当事人在订立合同过程中，故意隐瞒与订立合同有关的重要事实或者提供虚假情况，并因此造成对方损失的，应当承担赔偿责任。

求职者的角度：“贵司给我发了录用offer，我接受了，我也提了离职，现在又不录用我，给我造成的损失，贵司得赔偿吧？”

HR的角度，我知道自己理亏，但是公司的安排我只能服从，所以只能从求职者身上找问题，“面试的过程中，你从来没有表达过是在职，你说的是刚毕业在找工作，我没有办法对你的离职负责。最重要的是，你的简历没有目前的工作经历，如果你在职，那么你的应聘信息不真实，存在简历造假，我们可以取消你的offer！”

有时候，只能祈祷事情顺利一点，一旦不顺利，解决起来就很麻烦。公说公有理，婆说婆有理，就看谁更有耐心，更有时间，更有理了！

# 36-面对众多offer，如何选择？

## 坚定自己的选择，不要美化那些未选择的路。

如果你不经常作决定，可以尝试用以下四种方法来筛选offer。

第一，目标导向法。如果你面对的是截然不同的工作选项，最重要的是要明确自己想要什么。就像某斯坦福博士选择报考乡镇公务员，他的目标是从政，而不仅仅是考公。每一份工作都有其独特的价值。如果你缺钱，就选工资高的；如果你有事业心，就选上升空间大的；如果你想让工作和兴趣完美结合，就选自己感兴趣的；如果你想得到贵人的扶持，就选领导有能力且有眼缘的。但记住，如果你选择了其中一样，可能就无法兼顾其他。

第二，长期规划法。如果每个offer看起来都不错，那么你可以往长远看三到五年，想象自己会成为怎样的人，再对比你希望成为怎样的人，这样选择offer就容易多了。因此，要用长期主义的眼光来看问题。

第三，短期评估法。如果每个offer都有其短板，既不是完美的选项，也不是长久之计。比如，第一个offer虽然能学到东西，但公司工资没给到位；第二个offer工资高、福利好，但工作环境恶劣，有职业病风险；第三个offer工作环境好，有社保，但工作量大。面对各有短板的offer，你可以尝试从短期角度来看，比如半年或一年，思考这些offer能在短期内给你的简历增添什么亮点，你最迫切的需求是什么，你最不能忍受的是什么，以及你理想的下一份offer需要什么。这样选择offer就会更容易。

第四，条件对比法。当两个offer各有利弊，难以抉择时，你可以尝试向双方提出要求，看哪个offer能满足你。这个方法在转岗时也非常实用。比如，你现在的工作偏售后支持，不加班但薪资一般，领导手上有核心项目却不给你；而新岗位偏销售，需要你拓展新市场，挑战性强还能学到新东西，但因为公司技术局限，这个产品线可能前景不佳，团队人数有限，工作量很大。面对这样的情况，你不用急于作出决定，先跟现领导聊项目分配，再跟新岗位领导聊团队架构，最后看谁更有诚意再选择谁。有时候作不了决定是因为两个选项相差无几，那就再给他们一次机会，让他们在你的条件下分出高下。

# 37 -还没入职，就让我接触业务怎么办？

## 接触一下也没有坏处，方便尽快上手。

有个朋友跟我说，下周一入职新公司，今天周四，主管扔了一堆资料过来，说先熟悉熟悉。还放着假呢，看也不是，不看也不是。没入职，工作量就这么大，想想都头疼。

我与这个朋友的想法正相反。

当我还是个在职场上不自信的人时，我会主动询问：入职后服务哪些客户？涉及什么品牌？参与什么项目？有没有需求单？我想提前了解一下，以免上班直接开工时，由于没有准备而表现不佳，无法通过试用期。而大部分时候得到的答案都是一个品牌名，并被告知“来了再说，好好休息”。但仅仅一个品牌名，就足以让我去查阅资料、翻看案例，从而增加自己的安全感。

如果就是不想做，不想看呢？这不是我的工作习惯，当然可以提出来！

“好的！最近几天都在海边，没带电脑，回去有时间一定好好研究！”

在职场，我们要记住一个原则：谁都可以提自己的诉求。他人提的诉求是其当下认为合理的，如果你觉得离谱，你就想办法拒绝。同理，我们的诉求也不总是合理的，也会收到各种各样的反馈。不能因为一件事情就给对方定性，有问题解决问题，一开始就委曲求全或者把关系搞僵，后面都会很难处。

# 38-经历长期职业空白期的人如何自救？

## 别再缝缝补补了，是时候重新开始了！

无论如何，长期失业者要想方设法找到属于自己的能量来源并随时准备重新开始。在这里，我给大家提供七种方法。

第一，打开一个新的文档，重新撰写自己的简历吧！从版式到内容，重做自我介绍、重新梳理你的技能和经验，一切都要重新开始。

第二，扩大求职范围，考虑申请你之前未曾考虑过的岗位或行业。有时候，换个职业赛道可能会带来意想不到的机会。你已经尝试过的岗位或行业就让它过去吧，现在去尝试那些你未曾尝试过的岗位或行业。

第三，拓展全新的求职渠道。如果你还没有利用过熟人网络，就问问身边的熟人；如果你还没有在行业社群里活跃过，就积极参与进去；如果你没有跟校友保持密切联系，就主动与他们联系；如果你还没有关注过街道公众号提供的本街道商户招聘信息，就赶快关注起来。同时，你还可以去社会保障局咨询相关机构能为你提供哪些帮助。

第四，参加与专业相关的志愿工作，不要整天窝在家里。志愿工作不仅是展示你技能的好机会，还能扩大你的社交网络并丰富你的经历。比如，如果你是一名摄影师，你可以常去领养日活动当志愿者，说不定其他志愿者就需要你为他们家里的狗狗拍摄写真集，赚不赚钱无所谓，但技能可不能生疏。

第五，持续提升自己。为了更好地回答空窗期在做什么这个问题，要充分利用好时间。你可以参加一些线上课程、线下课程、兴趣夜校、研讨会或体验活动来学习新技能或加强现有技能。

第六，记录你的生活。当自媒体博主是一种反馈迅速且初始资金要求少的方式。它就像是高考后的第二次机会，是除了投胎之外的第二次选择人生的机会。自媒体博主是一个放大器角色：无论你放大什么都会有人关注。如果你相信自己有能力只是缺少机会，那就把自媒体博主当作给自己打工的一种方式吧，顺带通过这种方式记录自己的生活，这也是一个输出的过程，记录你人生的某个阶段会让你更充实。

第七，如果工作不好找，那就别盲目地找了。先整理一下你的技能、人脉、资源和渠道，看看是否有可能进行零成本或小成本的创业。创业不一定非要摆摊或先租个门面。我有个同事的老公就不喜欢上班，因此他在家开了一家面包工作坊。起初，我以为他只是一时兴起，毕竟难度很高，收入也不稳定。

但随着他和妻子的用心经营，不仅有了社群基础用户，还开了实体店。若直接开店，可能要投入大量的资金，但可以从小规模做起。

# 39-有没有好用的求职期复盘法？

## “KISS”复盘法：每周给自己一个KISS！

在面试过程中，自己的感受、复盘以及复盘后的心态调整都至关重要。因此，学会正确复盘，可以帮助我们少走很多弯路。“KISS”复盘法既适用于每周、每月的复盘，也适用于单次面试后的总结，还可以用于工作总结以及项目管理。具体来说，可以按照以下顺序执行“KISS”复盘法。

K（Keep）保持：回顾本周做得有进步、有突破的地方，继续沿用那些成功的想法或行为并给自己鼓励和正反馈。比如，你鼓起勇气追问了一次HR面试进度，然后发现主动一点其实没什么大不了，反而给HR留下了大胆的好印象；你在面试路上拍摄了一支vlog，不仅缓解了自己的紧张情绪，还收获了网友的鼓励和赞美，因此发现了自己讲故事的天赋。

I（Improve）改进：分析哪些环节和因素导致了不满意的面试结果并思考如何改进。比如，你可能没有充分研究公司和职位，导致针对性问题准备不足；你发现面试地址与招聘平台上的地址有出入，差点错过面试时间；你可能没有抓住提问的机会，给HR留下了对公司和职位缺乏兴趣的印象。针对这些问题，你需要思考如何改进。

S（Start）开始：思考哪些是你之前面试没有做到或没有考虑到，但对面试结果有影响的事情，下次可以尝试去做。比如，在面试不知名的公司之前，最好先进行一下背景调查；面试前别总是卡点出发，最好提前15～30分钟出门，给自己留出足够的时间应对交通拥堵等突发情况，并提前10～15分钟到达公司联系HR（不要太早也不要迟到）；若投递了多个职位，则需要针对不同职位定制简历，突出与职位相关的技能和经验。

S（Stop）停止：识别哪些行为是对面试不利的，并下定决心下次要规避或停止这些行为。比如，避免大篇幅讲述离职理由和前公司的负面新闻；面试时，不要把手机放在桌上并随手拿起来看，这样会显得不专注、不尊重对方。

我刚毕业的时候流行一个词叫“面霸”，指的是那些频繁参加面试、善于钻研面试技巧、拥有丰富面试经验并能轻松获得心仪offer的人。“面霸”并不是天生的，而是通过不断地实践、复盘和调整成长起来的。因此，把每一场面试都当成一场表演，通过持续复盘经验和技巧，你也可以成为“面霸”。

第三章

# 新人期

入职不是结束，入职才刚开始

# 40-入职前需要做什么准备？

## 有安全感的人只需轻松拥抱未来。

对于即将步入职场的新人来说，入职前的充分准备无疑对后续工作的开展大有裨益。

第一，明确岗位职责。重新查阅岗位描述或offer中关于岗位的职责要求，并仔细浏览所有收到的邮件及注意事项。若条件允许，还可以进一步了解入职部门的团队架构、任务分配及运作模式等。

第二，准备入职所需材料。通常HR会提供一份资料清单，包括身份证、学历证书、离职证明及银行卡等。收到入职邮件后，应尽早准备这些材料，以免在入职当天匆忙核对而耽误入职流程，影响HR的工作。若发现有遗漏，可以及时沟通并补救，例如学历证书不在身边时，可根据时间紧迫性选择让家人邮寄、提供学信网电子截图或打印件等替代方案。

第三，了解福利待遇。公司提供的福利和待遇信息通常会在入职邮件中列出，特别是搬家补助、体检、异地入职酒店费用报销及面试差旅费报销等，这些都是入职后即可享用的。记得保留好相关单据或发票以备报销。

第四，与领导建立初步联系。在入职前，不妨向接待联系人、主管或领导打个招呼，同时，也可以询问是否有需要注意的事项。

第五，塑造职业形象。根据公司的着装要求，为入职第一天准备合适的服装。在某些公司，如广告公司，男同事入职时，可能会选择穿白衬衫或黑衬衫以示正式；而在外企，则可能允许在夏天穿着休闲装，但其他日子仍需着正装。

第六，准备物品及办公用品。除了必要的服装外，还需准备好笔记本电脑等办公用品。有的公司会统一采购和分发；有的公司则需要自备电脑，但会提供相应的补贴。

第七，熟悉通勤路线。确认上班时间并选择合适的交通工具。若开车前往，需要提前了解公司是否有停车场及相关使用规定；若乘坐地铁或公交，则需要考虑早高峰时段的拥堵情况并预留足够的时间。

此外，准备一段简洁明了的自我介绍，包括你的名字、背景、经验、兴趣爱好以及对新工作的期待。这将有助于同事更快地了解你，并对你产生好感。

**请记住，第一天出现一些小状况也是情理之中的，不要过于担心。毕竟，一切都是崭新的开始。**

# 41 -入职后发现公司跟想象中的不一样，怎么办？

## 没有谁，跟想象的一样。

有朋友说：“公司的社保和公积金都是按最低工资和最低比例缴纳的，为什么一开始不告诉我呢？这样做合法吗？不是应该按实际工资缴纳吗？面试时，我觉得这个公司很正规，福利好，效率高，同事领导也很和善。”之所以不告诉你，可能是因为你没有主动询问。如果你问了，而对方含糊其辞，那你就能察觉到其中的蹊跷！入职前多沟通，公司会跟你想得更接近一些，入职后再沟通，就未必能如愿以偿了！

当然，还有很多类似的问题！

## 问题一：理想和现实之间似乎总是存在落差怎么办？

无论是买方市场还是卖方市场，面试时双方都以极大的热忱投入这场双向互动中。在面试中，很多不利因素往往被避而不谈。入职后，你发现公司与之前想象的不同，就像公司发现你与他们想象的不同一样，都很正常。我们必须允许和接受一定范围内的偏差。毕竟，没有人说的会和实际情况完全一样。只有当这种偏差超出可接受的范围，触及底线时，才是我们作出决定的时候。因此，前期的考察工作必须做足，方方面面都要想到、问到，这样才能尽量减少落差。

## 问题二：入职后发现这个公司不太对劲怎么办？

不对劲就快跑，别不好意思！你可以说："我有更合适的offer，办完离职手续，我就去更好的地方了。"试用期大家好聚好散，就当我没出现过，没入职过！今天不跑，明天不跑，沉没成本会越来越高，到时候就跑不动了！后天再跑，你还会多一个难题：如何拿到这三天的工资？

每个人的观察和感受都是主观的，但也是最重要的，要以自己的感受为主。遇上不对劲的情况，可以找信任的朋友或者群友聊聊。如果公司存在严重的问题，比如根本不签劳动合同或有违法行为，这些是你无法认同和妥协的，那就别妥协了。情况严重到有法律风险时，可以考虑咨询法律专业人士的意见。公司利用法律漏洞专门坑害新手的事，也不是没有发生过！

这世界很大，什么情况都有可能发生。筛选、规避和及时止损都是解决问题的能力。

## 问题三：入职后发现岗位与谈的不一样怎么办？

要怪自己考虑不周吗？以为是理想工作就赶紧入职了？职场风云变幻莫测是常态，唯一不变的就是变化。考虑得再多，也不可能完全没有偏差。甚至有可能你刚入职，公司就没了。

主要看公司是恶意的还是无心的。比如，说好了来做销售总监，也考核过管理思维和经验，工资谈得比较笼统，但入职后发现全部门就你一个人，跟销售专员没有区别，待遇也打了折扣，这就是恶意；而如果说好了负责某个客户，但客户丢了，从客服服务改成商务拓展，那可能就是无心的。

无论是恶意还是无心，这个工作你能接受吗？是你擅长的吗？可以将错就错吗？还有别的offer吗？短时间内有其他改变的可能吗？如果给自己一个期限，那是几个月呢？任何时候都需要冷静思考，不要像前几天匆忙决定入职那样匆忙决定离职。

## 问题四：发现业务存在重大改善空间怎么办？

以为是成熟公司，没想到“房间里有大象”，说还是不说？不说！

一来，存在改善空间这个事情无法确定。所有人都没发现，只有你发现了？如果你是初级员工，经验不足，判断未必准确；也有可能你初来乍到，信息和资讯了解不全面。这时，可以选择静观其变。

二来，人性如此。你来了就说改善空间很大，老员工干得不行，那你的方案具体行不行已经不重要了。老员工可能会说“你也不行”，甚至给你挖坑，遇事不配合你，让你走人！

三来，任何公司需要面对的往往不是问题本身，而是为什么不解决问题。你想解决问题，别人可能想“解决”你。即便你就是被邀请来解决这个问题的，也必须把人和事都考虑在内，搞清楚所有状况后再制订周密计划。

把你的想法和方案自己记下来，随着时间推移可以做些调整。小机会来了就适度展示一下；大机会来了再抓住也不迟。

我见过第一天来就豪言壮语、指指点点的同事，我发现他们小组的吃喝玩乐群没拉他，讨论公司旅游的大群也没他。他也确实没在公司待太久。团队协作的前提是你先成为团队的一员。

进入一个新环境，再自信也要稳扎稳打地融入——除非你喜欢冒险！

# 42-工作后还需要持续学习吗？

## 活到老，学到老！

其实，学习的定义是很宽泛的。很多人将学习局限于看书、上课、报班或是考研进修，但这些只是学习的传统形式，属于对学习的狭义理解。

我理解的学习主要分为两种：被动学习与主动学习。

被动学习是接受式的学习，即按照他人的安排或建议来学习，通过听讲、阅读、背诵、观看演示等方式获取知识，也包括在实践中无意识地积累经验。然而，在职场中，被动学习的机会并不常有——并非所有公司都会提供系统的培训，也并非所有领导都有能力和耐心指导新人工作、制订提升计划并为其成长负责。

主动学习则是参与式的学习，即根据自己的需求来安排学习内容，通过查阅资料、请教他人、讨论以及主动实践等方式来获取知识，甚至可以通过给他人讲解来加深感悟。这不仅是一种积极的学习态度，还能明确自己的学习目标和学习需求。

我特别喜欢看2000年以前的港剧，有时甚至沉迷其中，总梦想自己可以成为一名成功的职业女性。有一句高频台词一直在我脑海中挥之不去：“我的上司人很好，很有本事，我可以跟着她学到很多东西！”这确实体现了主动学习与被动学习的相互融合：上司愿意教你，给你机会，而你则要积极学习，抓住每一个学习的机会。

这两种学习方式相互补充，缺一不可。因此，别说自己没学习，只要你有所提升，就是在学习。

此外，我理解的工作状态也分为两种：输出模式与输入模式。就像充电宝一样，输入模式是接入电源以储备电量，而输出模式则是使用储备电量来供电、解决问题。然而，即使容量再大的充电宝，也不可能长期持续输出而不进行充电。

那么，如何输入呢？每个职场人都在随时随地学习，无论是从项目中学习，还是从周围人身上学习，这种学习往往是伴随着输出的。除此之外，我们还需要进行额外的输入。每天，我们在工作中都会遇到新的挑战和问题，无论是技能提升、沟通协调、团队管理等工作能力问题，还是效率瓶颈、身体健康等综合状态方面问题，都需要我们进行专门的输入，即学习新的知识、方法、观点和策略，而人、书籍、网络等都是我们获取相关知识的渠道。

# 43 -职场中如何快速作决策?

## 每个选择都认真分析也挺累的。

除了offer，入职之后每天都有很多选择题：岗位选择、项目选择、实习生带不带、饭局去不去……如果情况太复杂，不知道怎么选，可以从这几个维度思考：

第一，离钱近。金融离钱近，销售离钱近，采购离钱近。离钱近不是说钱可以往兜里装，而是拥有调度资金的机会，这样你对钱就有概念了。每一笔资金怎么来怎么去，是公司运营的基础。职场中各类活动本质上都是利益驱动，你越亲近钱，钱越亲近你。

第二，离权力近。不要畏惧权力，要靠近权力。有机会做管理，就要做管理，管“半个人”都行，管“半个人”比管一个人还烧脑，带实习生麻烦，麻烦也要带。从此，你会对权力有概念，会用自上而下的视角看问题，就不会总在仰望了。

第三，离核心近。除了权力核心，职场还包括核心业务，核心技术，核心团队等，什么核心就了解什么，接触什么，加入什么。有人问，后勤保障部门如何提升在老板那里的话语权？你要是核心部门，根本不需要思考这些，一心一意发挥价值就好！

如果不想考虑太多，觉得这些有些功利，那我推荐抛硬币。正面选A，反面选B，虽然看起来随机，但你看到任何一面心中生出遗憾的时候，就知道自己想要什么了！

# 44-觉得自己学东西很慢怎么办?

## 掌握好了学习法，效果堪比开挂!

有些人学什么都很快，这是因为他们拥有一种叫作“学习能力”的天赋。我上高中之前，智能手机还没有普及。每天睡前我都会在脑海中构建思维导图，以学科为主题、知识点为子主题，不断细化并复习当天所学的内容，直到入睡。周末时，我会用这种方式复习整周的功课。那时我并不知道这叫作思维导图，也没有人教过我，但我经常能考班里第一名，这并不是因为我智力超群或特别刻苦，只是因为我稍微有些学习天赋。然而，与那些全方位天赋异禀的人相比，我还是自愧不如。

下面介绍五种学习法，它们能为你的学习效率和效果加成。

## 1. 费曼学习法

这种方法强调以输出倒逼输入。为什么老师好像什么都能记住？因为他们需要备课。记笔记只是备课的一部分，更重要的是要能够讲出来。如果你想学习使用人工智能软件来提升效率，就试着假设自己要给别人上课：搜索、归纳、总结相关知识。如果你想写好一个标题，就尝试总结不同类型标题的写作方法、思路和技巧。这样一来，你学习任何东西都会很快。

## 2. 思维导图法

在职场学习之所以慢，往往是因为缺乏概念和情境，而思维导图是一个非常好的情境工具。比如开会时，你可以以人为一级主题，记录每个人的观点、术语或关键词。多听、多记、多看，一两周之后，你就能融入这个情境了。

## 3. 归纳总结法

这是一种深刻而复杂的方法，简单来说就是从经验中学习。比如，作为一名销售，你开拓了10个新客户但只成功签约了1个。你可以从与客户的沟通互动中总结经验教训，了解他们最关心的是什么、为什么购买或不购买，以及可能会问的问题等，调整产品和品牌介绍的先后顺序。通过不断复盘，未来你在开拓新客户时就能提高成功率了。

## 4. 庖丁解牛法

就像我妈妈常说的"就这还用教吗？"因为她看什么都能很快学会。比如，看到一双手工钩针拖鞋，我妈妈三天就能做出来，而且根本不需要上网找教程。我妈妈之所以能那么快做好，是因为她会把一双鞋分解成鞋底和鞋面两部分来考虑，包括鞋底在哪里买、是否需要加厚，鞋面用多粗的毛线、几个颜色、几种针法以及如何缝合等。学习任何东西都可以像做手工钩针拖鞋这样拆解。

## 5. 随手记法

把原本在潜意识里完成的经验总结梳理到纸面上。当你将经验写下来的时候，会更认真地梳理细节，思路也会更加清晰。这也是一种输出方式。你可以用文字、图片、录音、视频等任何方式记录随时迸发的灵感火花和一切能给你启发的东西。比如，同事的发言给你带来了什么启发和参考？不妨随手记下来。坐地铁时看到有趣的广告，也可以随手拍下来与同事一起讨论。

# 45-有没有快速晋升的方法？

## 没有，这么危险的念头趁早打消为好。

一个朋友在我的社群里求助，他作为一个新入职的销售，竟然谈下了老板和销售总监都未能谈成的价格，为公司多赚了几百万元，因为表现过于突出，老板直接让他通过了试用期。这个朋友本期待能快速升职，但通过试用期后一直被销售总监针对，感觉都快要被边缘化了。怎么会这样呢？总体来看，这个朋友的工作能力肯定是有的，但能谈下这个大订单可能含有偶然性、时机性，或者也有其他人前期大量铺垫的功劳。因此，如果是在初入职时，好的表现是必要的，但如果表现过于突出又过于张扬，处境就很容易变得被动。

你可能会问：销售总监总是针对他，老板为什么不出面支持这个朋友呢？原因可能是他后续的表现没有跟上，后继乏力。因此，这位朋友即便有如此出色的表现，仍无法快速晋升。由此可知，升职的确挺难的。世界上有很多捷径，有的合理，有的不合理。就算有捷径，它的另一头也不一定是终点。

在升职这条路上，有很多台阶，我们得一步一步走扎实。比如，提升专业技能，持续学习和锻炼，使技能多样化；建立人际网络，与同事和领导建立互信的良性关系；创造显著业绩，设定明确目标，并超额完成任务；主动寻求反馈，发现问题后及时并持续改进；掌握沟通技巧，有效沟通，以提升个人影响力；展示领导能力，主动承担责任，有效管理团队；展现战略眼光，具备大局观，能提出创新性建议；展示职业素养，保持高标准，做到诚信可靠。

一步一个台阶，慢慢来反而比较快！

# 46-实习生就该干脏活累活吗？

## 公司不是牛马厩，而是探索的海洋。

一个实习生在我的社群里求助，说他在某家公司实习一个多月了，每天的工作内容就是跑腿取外卖、找财务报销领导的发票、在两个办公楼之间送合同等。他感到自己像被欺负，因为没有人教他实质性的东西，比如，开重要会议不带他，即使带他也只是让他做会议纪要。他想知道如何拒绝这些杂活。

对此，我们可以从3个方面来思考这个问题。

第一，你自身有什么价值？如果不干这些杂活，你能胜任什么更重要的工作？比如，你整理资料迅速且有逻辑，甚至能进行初步的筛选；你能在开会时提出建设性意见或新颖观点；你能从年轻人的角度发现一些突破信息茧房的案例供大家参考。那么，自然会有人愿意让你参与更有价值的工作。不是不让你做重要的事，而是他们不知道你能做什么。即使是机械的、琐碎的、没有成长空间的工作，也能体现出一个人的态度和能力。

第二，你是否具有交换精神？别人为什么要教你、带你？大家都是来上班的，不是来上课的，没有人有义务教你。你需要通过一些付出，去换取别人教你的机会。你帮别人一个忙，顺便问问核心业务相关的小技能，人家也不好意思不告诉你，这也可以看作是一种“知识付费”。每个人的时间都是宝贵的，花在你身上总要有个值得的理由。

第三，你是否具有学习精神？很多事情中都蕴含着知识。比如，找法务盖章时，你可以了解合同内容，了解公司的运作流程。要从细微末节中学习。

实习生的唯一任务是如何让大家乐意分享经验，实现自己的迅速成长，以便尽快承担更核心的工作。干杂活可能会让你觉得被欺负，这种情绪完全可以理解。但我们要明白，被欺负不一定是被打骂，敏感的人可能会觉得没有被尊重、没有被重视、没有被看到，这些都是被欺负的表现。我们要尊重并接纳自己的感受，但同时，要学会自己想办法解决问题。当类似的事情发生时，一定要先向内求助，因为别人就算错了也不会改，如果我们不提升自己，就永远不会被尊重。

这不是自我PUA，而是对自己的成长负责的表现。扪心自问，你工作三五年后，每天焦头烂额，突然公司来了一个实习生，没有专门分配给你带，或者带了也未必能留在你的部门分担重要工作，你却还需要为他的行为负责。在这种情况下，你会毫无保留地教他吗？

**学到东西是你的任务，而教你并不是别人的义务。**

很多人说自己总是遇不到贵人，其实自己就是自己的贵人。先自己帮自己，别人才会帮你。

# 47-如何快速成为一个行业的“专家”？

## 如果能太快成为“专家”，那这个行业便不存在“专家”。

若你急于求成地想要成为专家，那你很可能对这个行业的深度有所误解。因此，更准确的表述是，你需要先塑造一个专家的“形象”，这样才能有机会融入这个行业，避免被排挤、欺骗，从而获得信任与认可，进而进入行业的核心圈层。许多医生在刚毕业时常常面临患者的不信任，但经过一年半载的历练，他们轻松赢得患者的信任了。

那么，有以下5种方法可以让你慢慢积累经验，成为专家。

第一，要充分利用互联网资源。无论哪个行业、哪个职位，都有人分享过他们的经验和心得，因此，可以去各大平台搜索相关内容。我曾写过一篇名为“如何做市场总监”的文章，许多人会一边阅读一边用思维导图整理，正在从事相关工作的人可以从中吸收经验，而未涉足或即将面试的人也能因此建立起基本的工作框架。

第二，要相信自己。每个行业都不是孤立的，其知识和经验是可以迁移的，所需的基础能力也大致相同。例如，广告公司不可能只服务于一个客户，今天是快消品，明天是汽车，后天是化妆品。虽然目标人群和打法不同，但通过广告解决问题的底层逻辑是一致的：明确目标人群、深入洞察、制定策略、提炼概念、创意设计和执行落地。这种解决问题的思路适用于任何行业。此外，学习能力、理解能力、表达能力和人际关系处理能力等都是通用的能力。

第三，积极寻找并关注50个以上的行业网站、公众号、视频账号和行业社群。这样可以快速获取行业最新的、最全面的信息，了解大家日常关注的热点、讨论的话题和正在进行的工作。如果50个不够，就增加到100个，设定目标，不断拓展自己的信息来源。

第四，熟记500个以上的行业关键词或术语。这样至少在你开口时不会显得突兀，别人说话时你也能听懂，这就算是半个专业人士了。这类知识有很多人已经整理并分享过，如果没有现成的资料，就逐个去查找、整理和理解，然后在理解的基础上进行分享。

第五，也是最重要的一点——每个岗位都需要具体的技能。与其空谈理论，不如脚踏实地。首先，要拆分你当前需要的技能。比如，文案技能方面包括文案撰写能力、沟通能力、表达能力和策略思维，你要明确自己最欠缺的是什么，然后寻找提升和练习的方法，不断解决问题。最后，要了解升迁路径和未来所需的技能。你可以通过观察领导的行为和职责来发现这些技能，也可以通过查看招聘网站上的岗位描述来了解未来的发展方向。这样你就能明确自己每天应该做什么，可以有针对性地减少不必要的时间消耗，从而尽快从基层员工成长为专家。

# 48-我接受不了公司的工作时间安排，怎么办？

## 选择一个行业，就是选择一种生活方式。

有个姑娘曾向我诉苦，说她的护士工作非常糟心，因为需要上整夜的班。虽然，她明白工作总是辛苦的，就像苦涩的冰美式一样，但这份工作的辛苦程度超乎想象，导致她内分泌失调，长了满脸痘痘。

但我也给不了什么好的建议。如果一个人无法改变所在的行业，那就只能尝试调整自己；如果连自己都无法调整，那就尝试去影响他人；如果影响不了他人，那就只能考虑换工作、换行业了。

就目前的科技发展和医院制度而言，医护人员很难完全避开夜班。毕竟，我们不能六点钟一到就把病人独自留在医院自己下班。同时，也很难让领导在排班时完全避开夜间、春节等时间。另外，我们也可以考虑一下晋升这条路径，比如，成为护士长后是否能减少夜班次数。如果这些都无法解决问题，那就只能考虑换行了。

当然，即使你换了工作，也要明白每个行业都有自己的“工伤”。比如，客服可能会被奇葩消费者气到不行；自媒体人可能会面临评论区的谩骂、诋毁和造谣。这些都需要你有所准备，看是否能忍受。

类似的问题，我想早点来早点走，但同事们都是下午才到，怎么办？

我刚上班时也遇到过类似的问题，当时真的无解。我不想太晚下班，所以选择早点来，但问题是，我一个文案来早了也没用，因为设计和总监都还没到。后来，我到得也越来越晚了，也逐渐习惯了这种作息。人的生物钟其实是很灵活的！

在广告行业，有时候加班并不是真正的加班，只是工作时间顺延了而已。比如客户甲上午整理项目需求，中午才发给我们；客户乙下班前才反馈修改意见，但修改成果明天上午就要……这样工作时间自然会延后。我可以不干吗？当然不能，因为大家都在为了比稿而拼命，都是抢着干的！

你觉得自己没有甲方？其实甲方是一种相对位置，你的老板、领导就是你的甲方，可以给你分配任务的人都算是你的甲方。如果其他人都是从下午开始工作，而你非要在上午来，那当他们边吃晚饭边开会的时候，你想走，那是不可能的。即使是我这样非常自我、事儿多的人，也做不到这一点。即使现在的我有了职场三十六计，也走不了！

不过，后来我又遇到了类似的问题，但被我成功解决了！当时我刚加入一家公司做公关总监，负责几款游戏的公关业务。入职第一天，下班时我到路口准备坐地铁，却发现我的小伙伴们拎着包去了对面的腾讯大楼，说是日常驻场。很多代理公司晚上七点会派几个人过去待一会儿，看看客户有什么需求。虽然都是小事，派执行人员去就行了。我问他们："不反感吗？岂不是天天加班？"他们说有时候坐一会儿就走了，事情不多，有的话也是细节修改。客户更拼命，近乎全天上班……

后来在我的协调下，我们改变了工作模式。驻场确实方便沟通，隔一条马路而已，那就继续驻场！但其他代理公司七点去，我们就错峰，五点就去。白天的事情解决了，七点一到，我们就说回公司开会，直接下班！

这次为什么能改变呢？因为有可调整的空间，有更好的解决方法。更重要的是，我有了话语权！

因此，在求职前，一定要对行业和公司进行必要的了解。想让其他人按照自己的习惯来，那你得是甲方、领导，你得有解决方案，而不能只是简单地说一句"我不喜欢"。

# 49-我的工作总是干得很慢，怎么办？

## 是真慢还是假慢，关键在于找出慢的原因！

在工作中，工作慢，那就要找出问题并对症下药。如果自己难以察觉，不妨听听他人的反馈和建议。快有快的原因，慢有慢的道理。让我们通过一个例子来感受一下。

在我担任游戏公关期间，碰到一位文案下属小Z。初见时，老板便告诉我："这个孩子可用可不用，你自己看着办。态度没得说，任劳任怨，就是动作慢，前任领导对她的评价不太好。"但我与小Z合作了两次后，发现她虽然动作慢，但开会时非常积极、注重细节、有耐心。面对时间紧迫、任务繁重的项目，她从不推辞，甚至在不着急的项目上，她也会利用周末时间加班完成。我鼓励小Z享受生活，她却说热爱工作，工作就是她的生活。

那么问题究竟出在哪里呢？熟悉之后，我才发现小Z有强迫症，对于不完美的文案，她会感到难受，她的工作方法是先在脑子里构思，然后在草稿纸上写写划划，想好一句写一句，所以工作效率低。

因此，我建议小Z可以尝试以下流程：先打草稿，想到哪写到哪，再写梗概，然后制定大纲，最后整理成初稿，剩下的时间一遍一遍地润色、一句一句地琢磨。在这个过程中，我不会过来打扰小Z，让她安心工作。后来，她变得开朗多了，再也没有人质疑她的效率，说她动作慢了。再后来，她随时都能拿出一个半成品来展示。

那么，我们是否应该把效率提升到极致呢？在工作中，我们需要关注两个效率：一个是做事的效率，一个是整体效率，两者需要平衡。公司更看重的是你的做事效率。因为公司支付的是月薪，购买的是你的时间。每个月的工作时间是相对固定的，工作效率乘以工作时间等于工作总量。如果效率达不到平均水平，工作总量就会减少。除了做事效率外，你还需要关注自己的晋升效率、社会化效率、成长效率以及基于职场路径的整体效率。这些效率的提高有助于提升你单位时间的“售价”。

# 50-如何应对多任务同时处理的情况？

## 你需要的不是一心多用的魔术，是时间管理的艺术！

繁复的工作需求，可以通过以下4种方法解决。

（1）列任务清单：以任务为核心，详尽地罗列出所有待办事项，并为每项任务设定清晰的目标和具体的时间表。细化到每一天，确保每项任务的工作量都是明确且可管理的。有些人看似忙碌，实则缺乏条理，导致手忙脚乱。

（2）坚持优先级排序：根据任务的紧急性和重要性，运用四象限法则进行排序。首要处理的是“重要且紧急”的任务，其次是“不重要但紧急”的，再次是“重要但不紧急”的，最后是“不重要且不紧急”的。

（3）制订详细计划：以时间为轴，为每月、每周乃至每天制订详尽的计划，列出所有需要完成的任务。在必要时，可以利用便利贴、日历和任务管理工具等辅助工具，以便更好地跟踪和安排任务，合理分配自己的时间和精力。

（4）学会合理拒绝：勇于拒绝与目标和计划无关的任务，避免承接过量的任务，更不要让不重要的事情打乱整体节奏。面对他人的请求，不应该无差别地答应，而应该先基于优先级进行判断。否则，这种人和事会越来越多，让你疲于应对，计划也将失去意义。

基于以上方法，我养成了在洗澡时或在通勤地铁上闭目思考的习惯。我会梳理当天需要完成的任务，并在到达公司后，将这些任务记录在便利贴上，然后贴在电脑上。这样做不仅让我更有仪式感、秩序感和顺序感，还能有效地防止遗忘任务。

如果你的忙碌和慌乱源于任务执行效率低下或能力不足，那么，你需要优先考虑提升核心技能和学习能力。否则，无论你如何努力周旋于各个任务和人际关系之间，都可能无法取得理想的结果。

# 51 -为什么总是担心工作中的突发状况？

## 工作久了，就会明白，其实并没有真正意义上的突发状况。

每个职业可能遇到的突发情况都是有限的，只要我们把它们一一列出来，就能消除对未知的恐惧。包括听说过的、遇见过的、想象得到的紧急情况，都列出来，并制定相应的预案、处理步骤和话术，这样心里就有底。已知的恐惧，其威胁性往往大打折扣。如果仍然感到极度恐惧，那或许该考虑换个工作了。

现在，你可以打开一个文档，将担心的突发状况一一写下来。然后，按照可能性和严重程度进行排序，从最严重、最紧急、最有可能发生的情况开始制定应对策略。如果毫无头绪，可以求助于人工智能小助手。

比如，你问人工智能小助手："我是一个经纪人，艺人突发疾病，无法出席下周的商演活动，应该怎么办？"人工智能小助手会给出基本的处理方式，帮你梳理思路。

在这种情况下，你需要迅速行动，以尽量减少艺人缺席对商演的影响。以下是一些建议步骤：

（1）立即通知相关方。第一时间联系商演的主办方和涉及的合作伙伴，如代理机构、赞助商等，告知艺人因病无法参加，并表达歉意和说明具体情况。

（2）提供解决方案。推荐与原定艺人风格相近且能够胜任的替代艺人，或者与主办方商量调整演出安排。

（3）准备解释声明。撰写一份正式的声明，解释艺人缺席的原因，并向粉丝和观众表示歉意。声明应简洁明了，语气诚恳，并通过艺人和公司的官方社交媒体账号及时发布。

（4）安抚艺人。确保艺人得到及时的医疗照顾和足够的休息，并提供必要的心理支持和安慰。

（5）协调后续安排。尽快与主办方协商重新安排演出时间，并根据合同条款商议可能的赔偿或补偿方案。

关于如何通知主办方和准备官方声明的模板，人工智能小助手也能提供帮助。但在此基础上，你还需要结合自己的特殊情况和个人理解进行调整。真的经历过一次后，你会有自己的理解和处理方式，并认识到人工智能始终是辅助工具，无法预测所有情况。你会成长，类似的问题将不再是突发状况，而是工作的常态。

对于那些没想象到的情况呢？我们只能尽人事听天命，但经历过一次后，下次就能想象到了。

这些处理方式，有些公司可能会写在培训手册上，但有些公司可能没有记录这些处理方式，或者记录得不够全面。这种时候就得靠自己，这就是经验、专业，也是人与人之间工作经验和能力的差别所在。

# 52-工作中犯了错误怎么办？

## 错误地看待错误，是更可怕的错误！

我们可以根据具体情况来判断不同类型的错误应该如何解决。

第一，对于那些微不足道、甚至别人未曾察觉的错误，无须急于承认、道歉或保证。尤其是在团队合作中，大家是为了共同完成任务，而非互相挑剔。人无完人，每个人都会犯错，不必过于惶恐。

例如，你给客户发送方案时，报价数据未更新或计算错误怎么办？如果一分钟内发现，立即撤回即可；如果已超过撤回时间，则发送一份新报价，简单说明，发错文件版本了，并承诺下次注意，而不必反复解释、道歉并强调错误在报价的数字上。

第二，对于那些无法辩驳、已被他人发现且已造成不良后果的错误，应坦诚面对，不要找借口，勇于承担责任，并复盘如何避免类似错误再次发生。

例如，导出数据时，你忘记了修改参数导致结果离谱。事后，应该承认错误并尽快修改，同时，反思自己为什么忘记修改参数，找到问题根源以便下次规避。长此以往，人们会逐渐淡忘此事。此外，也要学会拒绝被过度指责。若错误被反复提及，可能是自己态度过于谦卑或过于强硬所致。

第三，对于可能造成损失的错误，首先要做的是承认。你在承认之前和之后，都应该积极地寻求解决方案，一边想办法解决问题的同时，一边告知相关人员。倘若隐瞒不报，最终可能无法承担后果。

例如，作为财务人员，若转账一百万元给错误的收款方，怎么办？应立即联系银行、相关领导，并在必要时报警。一个人能轻易完成转账？不可能吧，听着很离谱！但这是一个真实的求助案例。错误的产生往往涉及多方因素，包括程序错误、流程漏洞，以及相关管理人员各自的失误和责任。

总之，每个人都会犯错误，但最好不要频繁、重复地犯错，更不能在犯错后，完全撂挑子等待他人解决问题！

# 53-如何提升职场的沟通与表达能力？

## 表面上是嘴的事情，其实不是！

### 关于表达。

有些人意识到了自己的表达能力不足，不但不愿去学习提升，还将“不善言辞”视为谦辞。其实，不善言辞不等于经常吃不会说话的亏，不等于内心丰富，不等于踏实，不等于不会偷奸耍滑，不善言辞只是一种能力欠缺！

任何方面，都可能有人具备相关天赋并以此为生，也有人通过后天努力而后来居上。

表达能力的不足，具体体现在哪些方面？是闲聊时的尴尬、面试时的语无伦次、讲故事时的平淡无奇、汇报时的条理不清，还是无法有效地说服他人，或者是在各种发布会上当众讲话时感到困难重重？我们应该针对自己的薄弱环节进行有针对性的提升。当前人工智能日益普及，它或许能成为我们提升表达能力的得力助手。当你不知该如何表达时，不妨先向你的智能助手求助，通过模仿、练习和适应，逐渐找到属于自己的表达风格。

表达，绝不仅仅是表达本身，它更是一种综合实力的体现。

有一次在餐桌上，客户提到自己喜欢“易中海”。我心中暗自嘀咕，他指的是地中海还是易中天呢？正当我准备假装没听懂时，领导却巧妙地化解了尴尬，他说：“一听您就是个画面感很强的人，海蓝蓝天蓝蓝，海和天确实有点像……”客户听后大笑，原来他想说的是“易中天”而非“易中海”。为什么这件事需要纠正呢？因为如果客户日后回想起这次对话，发现自己说了一晚上的“易中海”却无人提醒，可能会感到被戏耍。但如何纠正也是一种艺术，你需要了解易中天是谁，才能迅速分析出客户的口误，还需要有将海天连成一线的想象力。这些都是综合实力的体现。如果你在这方面有所欠缺，也不要着急，慢慢来，就像我通过那顿“海天一色”的晚餐，学到了很多一样。

## 关于沟通。

很多人觉得自己不擅长沟通，是因为自己不会说话。但沟通绝不仅是说话，还包含方方面面，说话只是其中一种方式。

比如，你的同事升职成了你的领导，他请客吃饭而你没去。这是一种沟通，表达了你的态度——不服。这跟当面说“我不服”或者提出辞职，意思是一样的。即使你真的因为家里有事不能去，也可能被他解读为不服。反过来，他升职后请客吃饭却不请你，这也是一种沟通，可能表达了他的不屑。说难听的话，质疑你的专业能力，捧杀你然后给你不可能完成的任务，等着看你的笑话，都可能是不屑的表现。就算他的本意不是这样，你也会这样理解或者产生这样的怀疑。什么都没说，是沟通。

再比如，你对新来的领导有所耳闻，听说他不是一个“好人”，你还是更喜欢被弄走的老领导。你并没有释放敌意，对待新领导很客气，点头微笑，但他好像开始针对你了。这是为什么呢？相信你并没有表现出什么恶意，也没人去告诉新领导你是守旧派。但是，那些真正没有恶意的人可能已经在向新领导汇报工作了，聊聊团队现状，争取自己想做的项目，分享附近的好餐厅，甚至安排中午一起吃饭。敌意并不是只有你去顶撞他他才能知道，你不释放善意，在他看来就是敌意。什么都没做，也是沟通。

这两个直观的例子告诉我们，沟通不仅仅在于你说了什么、做了什么，也在于你没说什么、没做什么。沟通甚至不需要语言，甚至人都不需要出现，甚至不一定是你和对方之间的事情。沟通很复杂！

我对沟通的理解是：它是一个诉求管理的过程及结果。要从过程出发，最终保证结果。

从这七个角度思考一下，看看自己在哪部分被说中了：

盲目沟通：没有目的，没有策略，想到什么说什么。

闭耳沟通：不听、不管、不顾别人的意见，只想着自己。

颅内沟通：只是想想就以为沟通了，害怕真正的沟通。

鼻塞沟通：嗅不到空气中的危险和机会，过于迟钝。

唯心沟通：由于很多认知偏差，导致我们与这个世界无法很好地兼容。

脾气沟通：以为发脾气可以解决所有问题，不懂得疏导和利用情绪。

嘴巴沟通：以为“说了”就是沟通，但说话本身也有很多禁忌和需要注意的地方。

## 关于谈资。

那闲聊或商务会谈的场合，侃侃而谈的是什么？谈资！谈资也是一种资本。

我给大家举几个例子。

我有一个设计同事，每次聚餐总会被大家要求讲个冷笑话，直到他开口，聚餐才算正式结束。因此，他得了个绰号“冰哥”。有一天，我找冰哥商量事情，正好看到他在浏览“冷笑话100则”的网页。我才知道，冰哥可是下了功夫的，随时都在更新自己的“笑话库”。

在前公司工作后，我的幽默感直线提升。这得益于一个英特尔的项目，因为我每天需要收集五个有画面感的笑话给插画师，由他挑选一个画出来。那段时间，我的幽默感强到可怕，随时都能爆出一个“梗”。

我还有个同学，简直是个“万事通”，你聊什么他都能接上话，从军用无人机到赤藓糖醇，从生酮饮食到退役赛犬，无所不知。我一直很好奇，他有没有什么不懂的领域。

谈资，在于积累，怎么积累？

首先，要明确领域。积累谈资要有目的性，你希望在什么时间、什么场合、跟什么人聊什么？是为了丰富人设、拉近关系，还是烘托氛围？此外，你需要关心两个问题：和你聊天的人对什么感兴趣，而恰好你也感兴趣，由此确定3到5个领域，比如电影、旅行、音乐、彩妆。以前，你可能只是泛泛了解，但现在，你可以带着积累谈资的意识，为自己有针对性地输入信息了。

其次，给每个领域设定目标。比如，你关心时政，那就多了解这方面的信息，可以通过新闻媒体平台或者时事博主主动获取信息；你想了解彩妆，那至少要关注五个喜欢的化妆博主，或者每天花二十分钟去化妆平台学习。

最后，要勤于练习。今天有人跟你聊天吗？你有机会把这些谈资说出去吗？如果有，就尝试抛出话题，测试一下大家的兴趣指数，同时练习一下表达方式。如果没有，那就在脑子里练习一下或者自己小声叨叨几句。

不过，谈资也像投资一样，需谨慎支出。

有人和我说，他跟秃头的同事开玩笑说：“秃头也可以是祥瑞，丹顶鹤的丹顶就是脱发造成的，那其实是红色的毛细血管，多好看！”这种话，能不说还是别说了，小心引起矛盾。还有人问我，老板们喜欢谈论国际局势，自己也努力提升了一下，企图加入他们的“群聊”。但一提问他们就沉默了，一说话他们也沉默。这是为什么呢？因为他们聊这些不是为了跟你讨论的，而是为了展示他们的博学和见地的。你是听众，居然懂得比他们还多，他们自然就不说话了。

# 54-我是饭局小透明怎么办？

## “透明点也挺好，难道你还想坐主位吗？”

有人问：“我不太会说话，但领导经常带我参加饭局。饭局上全都是前辈、大佬、资深人士或者客户，他们谈古论今，聊些行业前沿资讯。我很想学习，但怕表现不好，应该怎么办？”

怕表现不好，就不要刻意去表现，而是让别人去表现。不表现也可以分以下五步来做。

一听。倘若对方是大佬，三五好友相聚，大家高谈阔论，此乃人生幸事。此时，静静聆听便好。尤其要注意，有些人上了年纪，又或者身处自己的主场，可能会有“冷场恐惧症”，容不得一秒空闲，从头到尾侃侃而谈，甚至都不给你插嘴的机会。这时，倘若你不擅长言辞，就别勉强开口，但可以时不时发出“哇哦”的惊叹声来表示赞同。

二慢。说多错多，说得快，错得也多。那就慢慢说，给自己一点缓冲的时间。

三准备。你想获得什么答案，你想听什么方向的见解，如果需要通过语言表述或提问，那就提前准备好表达思路，适时表达。说话要有目的，抓住时机提问或发表意见。

四附议。多认同少质疑。对于不同意的想法，你可以换个说法来表达，比如，“我听过类似的观点”，而不是直接质疑或反驳。

五服务。如果你无法提供情绪价值、情报价值和知识价值，那么你可以提供服务价值。比如端茶、递水、开发票、叫代驾。你觉得自己应该干点啥、能干点啥，就主动去做。尊师重道，你收获了知识和经验，就需要回报他人。

# 55-最累的不是工作本身吗?

## 需要处理的都是工作本身。

有人说，最累的不是工作本身，而是工作中遇到的种种难题和复杂的人际关系，被迫进行情绪劳动，还得时刻保持微笑，真是麻烦。更麻烦的是，几乎每个人都有这样的感受。

其实，工作并不只是任务，保证结果才是工作的核心。一个人能完成的部分往往不足以保证整个工作的成功。然而，在现实生活中，很多人只关注自己被分配的任务，仿佛还生活在学校里，只完成自己的“分内之事”。

不是有明确的分工吗？每个岗位的职责都清晰地写在岗位描述里。分工确实是基础，是主线，但世界并不是一条简单的流水线。我们不要只盯着自己的“螺丝钉”角色，更不要掉入分工的陷阱。很多人经常吐槽“资本家”，其实“分工”便是“资本家的阴谋”——将事情切割成小块，用不同的“工具人”来满足每一个小块的需求，从而异化个体、剥夺个性。公司似乎并不是给员工配备了电脑，而是给每台电脑配备了一个操作员。不要被岗位职责局限，你会的东西越单一，可能面临的风险也就越大！

很多岗位的核心功能就是处理人际关系，尤其是与沟通有关的岗位，占据了50%以上的工作内容。比如，项目管理、销售、客户管理和客户服务，都不存在“只把自己的活干好”就行的情况，协作和保证结果才是这些岗位的真正任务。

如果工作本身没有太多沟通属性呢？小F曾向我咨询，他在金融科技岗位，主要负责运营维护系统，日常工作没有太大的波澜，大家都是各干各的。工作五六年来，小F从不跟同事聊八卦，也不一起吃饭，保持按时上下班的习惯。那小F的困扰是什么呢？前段时间，小F的公司下发了一份文件，告知大家部门下个月就取消了，没有新岗位接收的同事，就只能办理离职了。而同事们好像半年前就知道这个消息，早就打算好去哪些部门了，但小F不认识其他部门的领导，也不知道可以去哪个部门。

对此，我给出的建议是：过去已经无法挽回，未来还可以努力追求。如果真的没有部门要小F了，那就改一下简历，该投递时就投递，制定新的职业目标。沟通属性是对社会人的要求，而不是岗位本身的要求。

哪有完全没有沟通属性，又能做一辈子的工作呢？

# 56-我是来上班的，还是来交朋友的？

## 那么，你的朋友究竟是从哪里来的呢？

如今，有许多人会觉得自己不需要朋友。但假如需要朋友，那朋友又该从何而来呢？答案或许就在工作中。职场仿佛一片“人的海洋”，工作中的同事、客户等形形色色的人，只要有心，总能结识到志同道合的人。

阿德勒将工作、友情和爱视为人生的三大重要课题。

其中，工作领域涵盖了两大课题：工作与友情。人的一切烦恼和幸福，往往源自人际关系。在普通人的黄金时期里，大部分时间都投入了工作中，因此，尽量寻找志同道合的同事一起工作吧。公司规模再大、办公室再奢华、客户再牛，如果你与之格格不入，那还不如找能够愉快交流、相处融洽、工作中互不拖后腿并能共同创造出成果的同事。在工作的协作中实现自我价值，建立深厚的友情，让他们既是你的同事，也是你的朋友。

有人提出疑问，阿德勒是中国人吗？为何如此热衷于研究人际关系？人际关系，顾名思义，就是“人和人之间的关系”。只要地球上存在两个以上的人，就会存在人际关系。它是客观的，具有研究的必要性。人际关系并非中国人的“专利”，而是一个中性词，我们不应总用“搞”这样的词汇去丑化它，而应正确对待和处理。从狭义的角度看，国外的人际关系往往更加显性化，入学、求职等很多场合都需要推荐信，不遮遮掩掩，没有推荐信往往就意味着没有机会。人际关系是人类共同的课题，越是讲究效率的地方，越需要良好的人际关系；而不那么讲究效率的地方，同样也需要人际关系来维系。

但总是有人在职场环境中就是与自己的同事成不了朋友，那应该怎么办？如果不能成为朋友，那就做工作上的“搭子”吧，至少，要确保共同合作的工作能够顺利进行。

在这个世界上，谁又能真正做到与所有人亲密无间呢？你不是老板，没有选择同事的权利，你和同事之所以一起工作，并不是因为你们可以成为朋友，而是因为你们需要共同工作。

我不能与所有人相处融洽，这是我的问题；他不能与所有人相处融洽，那是他的问题；但如果我们相处不好，影响到了工作，那就是领导安排的问题了。总会有人出现问题，那谁出现了问题，谁就去解决问题；谁遇到了困扰，谁就去解决困扰。如果你对别人并不认同，那就忘记“一定要成为朋友”的念头，专注于和他人在项目上的协作。

不要轻视任何人，能够坐在一起工作的人，能力水平往往相差无几。真正的高手不会长久地停留在这里，如果你坚信自己与众不同，那就展现出你的实力，做出成绩来。时机一到，你自然就会得到晋升。

# 57 -请教不懂的问题，同事不帮我怎么办？

## 帮人是一种常态，但不是必然。

职场是交换价值的地方，没有人有义务帮你，也不是谁都吃“很有礼貌地问”这一套。如果你求助碰壁了，很好，一下子懂了一个道理；如果你还没碰壁，那更好，提前懂了这个道理。

有几个求助原则或技巧：

第一，必须求助原则。这个事儿真的需要问别人吗？是不是稍微看一下、想一下、搜一下就能知道的？厌蠢的本质不在于蠢，而在于浪费时间。

第二，真诚为主原则。不要道德绑架、使用激将法，也不要将他人的帮助视为理所当然。这样的私信，我通常已读不回：“你那么精明，这点事情不应该没有办法，帮我想想怎么解决！”“你帮我解决了这个问题，我考虑下加入你的订阅频道！”

第三，让渡甜头原则。主动让渡甜头，使对方先受益，这一做法有助于建立良好的互动关系。就拿问路来说，人们往往要先说“你好”，嘴甜实际上也是给予对方甜头的一种行为。以我自己在视频平台的经历为例，最初面对私信求助，只要是关注了我的人，我都会回复。对于一个小博主而言，他人的关注就是一种难得的甜头。

第四，等价交换原则。为什么帮你？一个人花费自己时间、精力，给你提供知识、经验和帮助，势必要有个原因。有人喜欢帮助别人，有满足感；有人喜欢小恩小惠，拿人手短，吃人嘴软；有人不喜欢欠别人的，你老帮他，他就会帮你；有人渴望被赞美，尤其是公开赞美……他需要什么，就给他什么，只要你觉得值。如果你觉得给什么都不值，他也会觉得帮你不值。人有很多弱点，也有很多优点，如果拿不准，就多观察！

第五，省时省力原则。不要总问“怎么做？”——这是论述题；可以问“是这样吗？”——这是是非题，简单很多。一旦切入话题，就很容易聊开。人们一旦给你提供过帮助，就刹不住了。有成果就反馈，让对方高兴高兴，他们会越来越爱帮你！比如，当你有一个项目需要场地，希望同事帮你各处问问，打听打听时，最好提供现成的需求文字，他只需复制粘贴，而不用在聊天记录里自己总结；再比如，约人吃饭聊天时，要优先考虑对方的时间和地点，而不是找个自己去着方便的餐厅。

第六，不要拿来主义。谁也不是谁的助理。求助时，不要觉得别人应该给你最终解决方案。先铺垫清楚：遇到了什么事情，尝试过什么方法，为什么行不通，又遇到了什么困难，实在是没有办法了……别让别人浪费时间去问你重要细节；当别人提供一种思路时，顺着往下聊，你觉得可行还是不可行，理由是什么。如果对方给出的方法是“你可以给老板先写个邮件，交代下具体情况，免得对方恶人先告状”，你却来一句，“能帮我写一下吗？我这个人话术不行！”，就会让对方很厌烦。自己的问题，可以求助，但不能甩手给别人！

# 58-同事向我请教问题，我不想帮他怎么办?

## 不想帮就不帮!

拒绝同事的求助可能会比较棘手，但有时的确必要。面对不值得帮助的情况，识别之后，果断拒绝，不要有心理压力。

如果你特别喜欢帮助别人，以下情况也要慎重考虑!

第一，滥用帮助的人。如果一个人经常滥用别人的善意，不尊重别人的时间和资源，什么都想找人帮忙，一点小事也要求助，那他就是滥用帮助。学会无视、拒绝，少操心!

第二，不愿改变的人。说想听你的看法，却一直辩解、否定，哪怕一点改变都不愿意尝试，一点顺着想想思路的意愿都没有。无论什么方法，他都能找到无法执行的理由。这种人不要帮，因为根本帮不了。

第三，不重视你的帮助的人。对方只想获得情绪价值，只有你有空陪他唠，你说什么，他其实毫不在意，或者花了你的时间，却没有任何表示。所谓“表示”，包括感激、感谢，或是当下及后续的反馈，甚至一次完整的对话结尾，都算“表示”。但有的人聊着聊着就“失联”了，甚至不甩一个表情包敷衍一下！

第四，对自己不负责的人。别人说什么，他就听什么，没有自己的判断，还明确表示，“我听你的，不行我就来找你”。没人值得我们如此信任，也没有人值得我们为其兜底。

第五，拒绝帮助的人。你觉得他需要帮助，他却不觉得自己需要，固执己见、自尊心强，你提供什么都是无效帮助，甚至适得其反。不要太主动，除非你是他的领导，且对他的能力有基本判断，需要对他的事情负责。除此之外，至少要等对方主动说一句，“有事请你帮个忙”。

当然，对于违法、有危害的事情，对你有恶意的人，以及态度特别理所当然的人或帮他等于害自己的情况，直接拒绝。助人为乐，为的是“快乐”，如果助人无法带来快乐，那就不要助人！

# 59-同事喜欢抢功劳，我累死累活怎么办？

## 偷懒是本能，抢回来是本事。

抢功劳是常态。什么也不干，还想拿工资，只能抢功劳——抢多了就有经验了：谁的好抢？怎么抢？

有的人，做方案时叫不动，最后仅帮忙做了方案封面。方案通过后，他跟老板说，“能得到客户的认可是我们最大的荣幸，不枉费这一个月加过的班！”

有的人，开会装哑巴，方案做完了，领导来了，“医学奇迹”出现了，“刚开始我提这个idea（想法）的时候，还怕大家不同意，现在看，真的很贴合客户需求呢！”

怎么办？

第一，预防胜于雄辩。避免被抢的第一要务是注意重要节点，你做了什么，及时同步给需要知道的人。善于使用日报、周报和月报，重要节点写邮件汇报，团队内部分工、会议记录、客户反馈等都需要汇报。会议板书写清楚，拍照发群里，让整理会议记录的同事参考，哪个想法是谁提的一目了然，自然就不好抢了！

第二，感谢胜于雄辩。什么人有资格感谢？项目的“主人”。“对不起，也是刚才忘记了，感谢Eason给我们这个项目的巨大支持，不是他，这个封面肯定做不了这么精致，内容都快配不上他的封面了哈哈！”“宣示主权”的同时，简明扼要地提一下分工。

第三，复盘胜于雄辩。养成记录或者复盘的习惯，每个项目做结案报告，没事就自己看，有人造次就拿出来大家看。结案报告要包含项目全流程的分工。

第四，最不济的是硬抢回来。“哈哈哈，搞错啦，醒醒哈，这不是你那个A项目，这个是我们组的B项目，呜呜呜！”“哦，不不不，你那个idea也挺好的，但这个是我那个，有这么好吗？”大声点，笑着说，怕什么！

他好意思抢，你不好意思抢回来，那你就是帮凶！

# 60-我的同事是“杠精”怎么办?

## “杠精”是一种超好用的管理工具!

为什么工作中会遇上“杠精”?任何性格特质在人群中都是有一定比例的，按比例分配在各个场合。如果“杠精”的比例是十分之一，那么10个销售里有一个“杠精”，10个老板里有一个“杠精”，10个客户里也有一个“杠精”，……很难远离，也很难“消灭”。任何特质都可能导致“顶端优势”，当一个人太爱干活的时候，其他本来勤劳的人也会懈怠，当团队出现战斗力很强的“杠精”时，小“杠精”会隐身，自然而然维持比例平衡!

工作中的“杠精”，有可能是一种“代言人”的角色。

举个例子，领导问你18号的活动预计多少人参加，你说目前来看2000～3000人。他沉默了。因为他是外行，或者他只是假装在参与这个项目，怕跟上面交代时没有依据才提前问你，但他不知道怎么问。如果团队里有“杠精”，他会立刻站出来，“啊？这个范围也太宽了吧？怎么估计的啊？到时候没有怎么办，你负责吗？以你的经验，你做过多少场大活动啊……”

如果你足够严谨，你就会一一回答他：如何预测的数据，如何保障结果，如何承担责任。领导一句话没说，什么信息都得到了。而你下次也会针对他人的项目事无巨细地提问，大家都严谨了起来。把这种质疑转化为团队推动力，是不是挺好用的管理工具？

这也给了我们一个提示：管理的本质是让团队高效协作，因人而异，发挥每个人的作用，而不是让每个人都成为完美人格。

## 怎样跟“杠精”友好相处?

想要和谐相处，就需要了解他为什么总是杠你。难道不是因为他喜欢抬杠吗？那他为什么不跟公司老总抬杠？不跟散打冠军抬杠？却只在网上抬杠？因为这种行为追求一定的快感和成功率。他杠你，因为你不够严谨、太弱、逻辑不清、嘴笨、唯唯诺诺……归根结底，是你没有能力反驳、反制或者攻击他！

首先，当然要严谨。你需要预想到，在任何与他接触的场合，他可能有哪些合理或无理的质疑，从而故意留下一些“漏洞”或隐匿关键信息，诱导他主动提问。待他提问时，再拿出提前准备好的细节或论据详细解释，用严谨的逻辑击溃他的质疑，让他产生挫败感！

其次，当你发现他不严谨的时候，保持优雅，不断提问，不断质疑，不断反驳，展现你的战斗力。有时候到这一步就可以结束了；有时候需要反复几次，但别上瘾——如果你一直这样，你就成“杠精”了！

最后，当他稍微有些忌惮时，就以释放善意了。你发现他取得哪怕一点点成果，都可以狠狠夸。潜台词：你想从我这里得到什么态度，取决于你怎么对我。如果他改不了“杠精”的特质呢？那他会去杠别人。

这是一个相互的服从性测试：你友好，我就友好，你不友好，我更难相处。和平都是“打”出来的！

# 61 -同事休假我帮忙，出了点小问题怎么办？

## 帮忙是一个很有灵性的词儿！

有两个词要搞清楚，一个是帮忙，一个是接手，差别在于这是谁的任务。帮忙的意思是，我帮你，我来做，你的任务还是你的，你需要领情；接手的意思是，这是我的事情了。

帮忙就不要越界：如果不是十足把握的事情，且时间有限，若非帮不可，做之前要给各方（尤其是对方和领导）打预防针，做好预期管理，最后真出了问题，不能怪你；有疑问的地方要及时确认，不能因为帮忙就擅自做主，胡乱应付，需在能力范围内为结果负责；最后的交付要跟对方确认，或直接由他发出去，如果对方什么都不管，说相信你，那丑话更要说在前面，“这样有风险，你最好看一下！”

如果以上这些都不做，而对方又是喜欢推卸责任的人，且出现的问题会影响到他，就很容易引发矛盾。毕竟再怎么尽心尽力，也可能出现这样那样的问题。问题真的出现了，最好的方法是赶紧承认自己那部分的问题，表现出责任感以及说明如何善后；拒绝承担本应对方承担的责任，切记要在情绪稳定的情况下有理有据地沟通！

那么问题来了，他不在，他的工作被重新分配给我，出了问题怎么办？那就不是帮忙，事情的性质就变了。这就完全是自己的责任了！

# 62-同事忽视我，比如已读不回怎么办？

## 那就让“不回复”成为答案。

处理已读不回的核心逻辑只有一个：让“不回复”的后果影响对方，“不回复”最好，“不回复”就是你要的答案，他自然就回复了！

比如，在工作群发消息，“收到”请回复数字“1”，“可以参加会议”请回复数字“1”，就不如“有问题”回复“1”，“不能参加会议”回复“1”……对后者，若同事已读不回，影响的是他自己。到时候他不出席会议，你可以问“不能参加为什么不回呢？没看见？工作时间、工作群，消息看不见？”

比如，我需要同事整理项目资料，若只发“这是需要的文件清单”，对方已读不回怎么办？要解决这个问题，关键是要附带“不回复的后果”，比如在最后补充一句：“明天下午三点前，发我邮箱就行，一定要抄送领导哈，这是他的邮箱，他也会看，没有问题就开始啦！”已读不回就是没问题，说了领导也要看，自己掂量！

日常场景也适用：跟房东报修若只说“灯坏了怎么办”，房东不理你情有可原。我要是房东，看到这句话我需要问你很多问题：哪个灯？具体怎么个坏法？了解清楚了还要提供解决方案，是网购配件自己换，还是叫个维修师傅，你什么时间在家？这样的报修内容会给我带来大量沟通成本，不仅仅是几十块钱的事情。房东因此迟疑或者拖延很正常！

所以更好的表达应该是，“朱先生，你好，厨房的灯坏了，我查了下型号，这个是店铺截屏，15块钱一个，没有问题的话我就自己网购，换上，下个月房租里抵扣啦”，或者“厨房的灯坏了，我找物业问了大概50块钱，没问题的话，我就让他们修了，下个月房租里抵扣，会要收据的！”房东一般会直接发一个OK的手势！

我们想要解决事情，就不能光提问，得给出自己方便、对方也方便的方案。你不满意我的方案，就得回复我，就得给我打电话，而不是看我能不能联系上你！

# 63-同事扮猪吃老虎，他的活让我干怎么办?

## 老虎一定要控制脾气!

扮猪吃老虎：通过反复扮弱——故意不做好某件事情，让怕麻烦的领导直接换人，换给你，他不用做，领导不用烦，你不能休息。扮弱不会失去很多机会吗？有可能。但一件事情大家都不想做，便很难称之为机会，这样的事情少做，才能腾出更多时间和精力！

在类似的故事里，谁暴躁谁吃亏！

举个例子，公司来了个实习生，领导让他做会议纪要，“我担心做不好！有些行业术语，还听不太懂，怕耽误大家的事情，您看一直是谁在做，我可以先观摩学习下么？先熟悉熟悉！”领导让你指导一下，你给他看过之前的会议纪要，帮他改过一次，他依然这样，挂在嘴边的永远是：“我、我再问问每个人说的啥吧！”你建议他用个录音笔，他却继续推脱：

“你有吗，我没有耶！这次怎么办？你下次可以帮我录吗？”

处理这种问题，有两个思路：

第一，也是处理所有类似事情的基本思路，叫保持界限感！帮人就是帮人，我提供的只能是帮助，我不会因看你做不好，着急上手代劳。这不可能！我只能给你提供参考资料，给出修改建议，但绝不可能替你动手改。

第二，若领导将任务重新指派给你，怎么拒绝？不要暴躁。“有毛病吧？装什么装！”这是反面处理方式。可以站在更高角度跟领导沟通，指出这样的安排对个人和团队的不良影响，摆事实、讲道理。“基础的事情做不好，无外乎两个原因，一是岗位不匹配，既不适合公司，学习能力又弱，那就表明他真的不行，但他是咱部门亲自招的，若因此否定他的能力，不是在打部门的脸吗？二是懒。如果大家都可以靠“装不会”而不干活，那以后还有谁干活？照这个逻辑，我也可以说“不会”！我做了半年了，一开始还不是您一次一次打回来，含泪重做！这就是成长啊！”

最后一定要给出方案。“可能得麻烦您跟他说一下，这次和之后的会议记录，他都得独立做，要看这几个星期都学了什么。无论如何他都得干，他肯定能做好，对于他来说，可以多了解每个部门、每个项目，是好事。如果还是做不好，我再做！但有个条件，只要别留他就行！那肯定还是我做！开玩笑，他肯定可以！”

永远跟领导在一起，永远跟团队在一起，永远跟公司在一起！好戏开场，都要扮上！

# 64-项目很不靠谱，同事极力想促成怎么办？

## 这是一个讨论的过程，不如就讨论一下。

梁漱溟有一次演讲说，“从来遇着不同的意见思想，我总疑心他比我高，疑心他必有为我所未及的见闻在，不然，他何以不和我作同样判断呢？疑心他必有精思深悟过乎我，不然，何以我所见如此而他乃如彼？我原是闻见最不广，知识最不够的人，聪明颖悟，自己看是在中人以上；然以视前人则远不逮，并世中高过我者亦尽多。与其说我是心虚，不如说我胆虚较为近实。然由此不敢轻量人，而人乃莫不资我益。因此我有两句话希望大家常常存记在心。第一，‘担心他的出乎我之外’；第二，‘担心我的出乎他之下’。有这担心，一定可以学得上进。”

做学问和做事都如此！

听听何妨？同事可能也在纳闷，这么好的项目，怎么就说服不了你？有时候你想改变我，我也想改变你，各自都觉得挺难的，并不在于双方的观点到底是什么，而在于我们只想维护自己的观点，因为每个人都是基于自己的经验和信息推导出自认为最合理的结果，无暇顾及别人怎么说。加入新的信息，就需要重新推导，这是一个观点翻修的工程，非常麻烦，而抵触和拒绝是最省事的方法！

说服的第一步，先说服自己去听听他到底怎么想的。他为什么极力促成此项目，你不好奇么？让对方详细讲述——展开细节、梳理逻辑，过程中，就事论事地提问。他可能有自己的道理；他可能漏洞百出，说着说着哑口无言了；他说得越细，就需要想得越周全，如果有问题，他自己就意识到了，你也能更精准地抓住对方的漏洞。退一万步讲，他有机会展开说说，他也会给你机会表达。这才是真正的讨论。

在我看来，那些善于倾听别人想法的人都闪闪发光。保持耐心，不要抱着否决的心态，你会发现有很多新东西入脑，这是我走出“反驳型沟通模式”的第一大收获，每个人都有自己的知识体系，与人沟通，也是拓展知认的一种方式。与君共勉！

# 65 - 火烧眉毛之际，同事却仍显得不紧不慢怎么办？

## 说明尚未触及他的切身利益。

可能你认为很着急的事情，在同事眼里这并不是什么紧急事务，因为他并未直接受到影响。这时，你需要引导他认识到问题的紧迫性，避免让自己独自承受压力。也可能是因为你们之间没有共同的利益点，导致无法形成共同进退的局面。这时，你需要想办法将他的利益与你的目标绑定。还有可能他只是看似无动于衷，实则内心已有计划；或者，他一贯如此，做事拖沓，从不守时。后面这两种情况，前者需要你主动沟通进度，后者需要你提前规划好时间。

我给大家举个我在以前公司遇到的类似情况的例子。有次，客户提出设计的修改需求并要求我下午三点前把修改好的版本发给他。然后，我找到设计师，传达了修改意见并强调了其紧急性，让他先放下其他项目，优先处理这个。同时，我也向他的领导进行了报备，并得到了同意。然而，我却看到设计师悠闲地去冲咖啡，与同事谈笑风生，完全没有紧迫感。客户在催，我怎么可能不急？履行承诺，不是职场的基本要求吗？

面对这种情况，我们可以深入分析：是否明确告知了设计师具体的时间节点？是否明确了责任归属，让设计师明白这是他的责任？是否通过责任传递机制，让他意识到需要参与并承担责任？如果他习惯拖延，我是否应该提前设定更严格的时间节点？如果这位设计师无法完成，但其他人可以完成，那我是否需要与设计师的领导沟通，重新调整人员安排？

与不同的人合作，需要采取不同的策略。每个人都在试图让别人按照自己的方式行事。有的人依靠权力，有的人依靠魅力，有的人依靠流程，有的人依靠对人性的理解。在平级协作中，我们更多只能依靠自己，通过预判他人的行为、提前介入来确保结果。同时，也要避免过度干预，以免削弱对方的责任感。

# 66-为什么要诚实地描述工作难度？

**不要试图糊弄懂行的人，因为他们同样会糊弄你。**

有人曾向我咨询，他的同事总是推三阻四，只要手头上还有工作，就不愿再接手新的任务。尽管他尝试了许多方法，但都没有效果。有一次，他只是说了一句“一点儿小事，麻烦你一下”，对方却直接生气了。

有时候，人们喜欢轻描淡写地描述问题，企图蒙混过关，让大家接受原本具有一定难度的工作。然而，这样做的结果往往会让事情变得更糟。你原本合理的诉求，也会因为一开始的“不诚实”而显得像是你的问题。

举个例子。我有一个前同事小K，尽管他非常擅长讨好别人，但他的工作却经常不顺利。有一次，一张设计稿需要三个小时才能修改完成，但当时已经下午六点多了。他去找设计师说：“有个小活儿，分分钟就能搞定！你这么厉害！”这时，设计师感到非常烦躁。其实，设计师并不是因为又要加班而烦躁，他本来就要加班。真正让设计师烦躁的是，设计主管就坐在后面。设计师本来就要加班两个小时，这时又来了一个活儿。“你让我的领导以为分分钟就可以做完，那可不行啊！”类似的情况，总是相似的处理方式。设计师一定会叫主管过来看看这个工作是否真的能在分分钟内完成。主管一看工作量和其他人的工作安排，就会说：“你这个明天再来吧，下个月才上线的项目，这么着急干什么？”讨论来讨论去，即便最终工作没有布置下去，也耽误了设计师一个多小时的时间。设计师晚上加班，第二天上午就会晚来，这个工作需求就会被推到更后面了。

他与每个同事的关系都因此变得紧张微妙，他人对他的评价和配合度也越来越低。因此，诚实地描述工作强度，是对工作伙伴最基本的尊重。如果你不尊重他人，他人也很难尊重你。默认每个人都有自己的岗位职责，默认大家都会主动承担，不预设他人会推卸工作，这同样是一种尊重。

# 67-需求是不是要说得越具体越好？

## 把话说得具体，真的有力量。

有个朋友跟我说：“难道同事之间不应该有一个基本共识吗？答应‘今天下班前’可以给到，就是默认正常下班时间下午六点可以给到，有的同事晚上十点搞定、晚上十点下班，也觉得是‘下班前’给到，六点去询问进度，结果还没开始。这样真的很耽误事情。”

其实，这个问题很容易解决，有时需要灵活应对，有时则需要给出具体要求。但具体并不意味着长篇大论，给出具体时间，信息传达得更精准。比如，“六点前”就是“六点前”，而不是模糊的“下班前”。很多事情一旦具体化了，就没有歧义，不会产生多余的揣测和情绪，很多场景都可以用得上。

第一，要求要具体。你想让他干什么，得清清楚楚地告诉他。比如，你跟创意部的同事们说，明天的比稿很重要，客户的大老板也在场，所以要穿得像样点。你这么说，创意部的同事们可能会想：这话是什么意思？难道我们平时穿得很不像样吗？更具体的说法应该是："明天这个比稿很重要，大家要穿正装。"既能准确表达需求，也不涉嫌点评别人的日常穿着。

第二，时间要具体。不同的人对时间的理解往往存在偏差。比如，你周三跟客户说："这个项目我们需要五天完成。于是到了周末，客户就来跟你要方案。你拿不出他还会责怪你为什么不说清楚，为什么这么急的项目不加个班？因此，更具体的说法应该是"我们会在几月几日的几点完成这个项目"。这样就不会产生这些不必要的争论了。

第三，赞美要具体。如果你对别人说："你对我的帮助很大"，对方可能会觉得你在客气。因此，更具体的说法是："我以前从来没想过PPT能做出这么多花样，既好看，又逻辑清晰。我学到了很多，真的很感谢你！"如果你这样说，对方会觉得你很有眼光、很真诚。

第四，拒绝要具体。如果你和对方说："这个我干不了"，别人可能会觉得你在推诿。更具体的说法是："这个需要操作专业的剪辑软件，我还没有掌握这个技术，暂时有点超出我的能力范围了。但我可以帮忙找点素材。"因此，即使是拒绝别人，也要说清楚为什么不行，具体哪里不行，自己可以做的是什么。

# 68-有责任感是不是等于承担更多?

## 有责任感并非意味着为奴为婢、任劳任怨。

常有朋友向我倾诉，工作似乎陷入了一个恶性循环：做得越多，错得越多；而错得多了，又想通过做更多来证明自己。这样勤勉的形象，虽然能赢得好的评价，但也会吸引许多超出工作范围的求助，而过重的责任感又让他难以开口拒绝。

面对这种情况，我们应该如何是好？责任感无疑是个人品牌的重要组成部分，它绝不是减分项。然而，当责任感成为一种束缚，失去其原有的正面意义时，我们就需要进行反思了。问题的根源在于，我们对责任感的理解过于僵化。事实上，责任感有多种表现形式，比如，有限责任感、伪装责任感、免责感，甚至有时可能只是表现为一种避免将责任转嫁给他人的意识。

基础责任感是指当某件事情由我负责时，我必须具有责任感。但我在考虑自己是否疲惫之前会先思考：如果我未能做好自己的事情，别人是否会受累？这是最基本的责任感。

然而，有时我过于负责，反而会让其他人变得懈怠。这时，我需要给责任感加层伪装，藏起我的责任感，为的是在团队中寻找更合理的协作方式，让每个人的付出都能得到应有的回报。因为我不能让团队工作中只有我自己着急，只有我想对结果负责，这样会剥夺和削弱别人的责任感。

那么，当某件事情完全由我负责，且任务繁重时，我是否必须让自己硬撑着？答案是否定的。这时，我需要运用有限责任感，这意味着：我负责的事情我会尽力完成，但我也不会为了完成任务而牺牲自己的健康和时间。我会学会向上管理、敢于和善于求助，通过博弈和合作来调动所有资源完成任务。我会尽早寻求支持，为结果负责，而不是为了维护有责任感的形象而勉强自己。

还有一种情况：即使我已经明确了自己的责任并尽力去履行，但仍然可能因为某些原因而遭到别人的记恨。这时，我需要运用免责感。免责感并非通过发表免责声明来免除自己的责任，而是通过实际行动让对方承担起自己的责任。例如，某次领导让我统计大家的学历情况和假期去向，我直接告知大家按链接中的表格填写并设定一个截止时间。这样一来，填写与否就成了他们自己的责任，而不是我的。

当然，有些责任是无法避免的。这时，我们可以尝试将责任转嫁给他人。转嫁并非推卸。例如，老板认为某个经销商内部管理有问题，明年的新系列产品，不想继续合作，让我发通知。但是我负责的产品线主要依靠这个经销商出货，直接拒绝会影响我的绩效。那我会以新产品有新合同模板，细节会有调整为由与对方沟通，在新合同中增加一些对方很难接受的约束条款，对方不愿意妥协，不想签合同，那这是他自己的决定，不是我不跟他合作，是他不跟我合作。

总之，责任感是一种珍贵的品质，但我们要学会智慧地界定其边界，避免被束缚。这样我们才可以更好地平衡工作与生活的关系，实现个人与团队的共同成长。

# 第四章
# 进阶期

有人一步一个坎儿，有人一步一个台阶

# 69-不是领导管我吗，怎么我还得向上管理？

**人生的进步主要靠自己，而重大的进步往往离不开贵人的相助。**

领导管你，那是他的工作职责所在；而你管他，则是为了对自己的工作负责。我观察到，那些小时候与父母、长辈或老师关系融洽的人，更容易在职场上遇到好领导，从而获得更多的资源和机会。这是为什么呢？原因在于他们都擅长向上管理。

向上管理，就是正确认识并尊重领导的地位和作用，准确理解领导的意图和要求，主动与领导进行沟通和汇报，适应领导的管理和做事方式，从而与领导建立良好的关系，成为团队中不可或缺的一员。

因此，如何进行有效的向上管理，有四大要点。

第一，明确与领导的关系。很多人刚加入一个团队时的第一反应是挑剔和竞争，总想着证明自己比主管更强，把跟主管对着干当成是不畏强权的表现，甚至觉得几个人一起说主管的坏话就是胜利了。这种做法大可不必。你和领导之间是互相成就的关系，本质上是互相利用、合作共赢。无论领导的性格如何，都不归你管，你管的是怎么让领导为你所用。心态转变了，看领导也就顺眼多了。

第二，向上管理的核心是沟通。人际关系中大部分问题都是由沟通不畅造成的。因此，沟通的方法很重要，沟通的意识同样重要。比如，有个普通员工小S曾和我反馈，他最近很烦恼，因为他的主管不爱向总监汇报工作，主管觉得总监是外行，向他汇报是浪费时间，导致总监对项目了解不足，团队关系一直很僵。因此，总监把小S这组人给边缘化了，但主管无所谓，小S却愁得慌，想转岗。总的来说，每个层级的人都需要沟通，如果一个人不沟通，就会耽误整个团队。

第三，向上管理因人而异。不同的人需要管理的内容不同：有的人需要管理他的信任度；有的人需要管理他的时间；有的人需要管理他的效率或情绪。如果你的业务能力比领导强，就要学会适时、适度地分他一部分绩效和功劳；如果领导的风评特别差，你就别跟着大家一起说他坏话；如果领导有很强的权威感，你就不要当众顶撞他，这样只会给自己找不痛快。要用不同的方式管理不同的下属，也要使用不同的方式向上管理。

第四，永远不要在公司说领导的坏话。这样做不仅会损害你的职业形象，还可能给你带来不必要的麻烦。领导是否无能、决策是否正确，你的判断未必准确。就算你的判断准确，也没人在意，因为你不是他的领导。你只需要了解领导的风格和喜好，无须与他进行比较，做好自己的本职工作才是最重要的。

# 70-如何识别一个不好的领导？

## 有的很明显，有的是隐藏款！

有些领导，一接触就能发现其专业水平不足，且喜欢将个人情绪带入工作中，存在严重的人格和道德缺陷。显然，他们并非所谓的好领导。然而，还有些领导属于“隐藏款”，表面上看似还行，但实际上可能严重耽误你的职场生涯。因此，可以从以下三种情况来分辨“隐藏款”领导。

## 第一种情况是“众建诸侯而少其力”。

“众建诸侯而少其力”具体指什么呢？西汉政权建立后，刘邦分封同姓诸侯王以巩固皇权。然而，随着诸侯王实力的增长，他们逐渐产生了与汉帝国分庭抗礼的野心。为了解决这个问题，从汉文帝、汉景帝到汉武帝，先后采用了众建诸侯、削藩入郡和推恩分封的策略。其中，“众建诸侯”是著名政治家贾谊提出的削藩策略：将一个大的诸侯王国分割为若干小国，诸侯王国数量增加，但总的封邑不变，从而削弱单个诸侯王国的实力，使其无力与中央政府抗衡。

在如今的职场，也会遇到类似的情况。有人曾向我诉说自己所处的困境：团队中共有八人，每个人都是负责人。这看似是一种高效的管理方式，但领导却要求大家各自为政，独立负责、互不沟通、互不协助，毫无团队协作可言。团队中没有副手，因此无人能全面掌控整个团队的运作情况，也无人能取代领导的位置。这其实是大公司里的一种通病：领导既缺乏责任心，又多疑，还对自己缺乏信心。遇到这样的领导，同事们只能私下协调以应对困境。这样的领导，其实并非来工作的，而是来搞“宫斗”的。

## 第二种情况是“流水作业，各自为政”。

职场中有许多领导倾向于采用流水线式管理，结果导致没有人能够完整地负责一个项目。流水线确实是一项提高效率的方法，但也可能带来人的异化现象。例如，1936年，由查理·卓别林主演的电影《摩登时代》中，生动地展现了机械化快速流水作业下，工人眼中只有六角螺帽的荒诞情景。还有，我有一个同学留学归来，兴致勃勃地要来我家做比萨。因为他在国外的比萨店兼职了半年，揉面技术相当出色。但当我们满心欢喜地欢迎他，并期待品尝到美味的比萨时，却发现他只会揉面，根本做不出一个完整的比萨。再有，电视剧《无所畏惧》第一季中的师傅老韩也有类似的情况。老韩将一个案子切割成多个部分分给不同的实习律师们负责，尽管他们忙得团团转，但没有人能够完成一个完整的案子，因此也无法获得执业资格，只能一直停留在实习阶段。因此，遇到这样的领导，为了自己的职业发展，你需要主动寻找自己的成长空间，不能仅限于做流水线的一环或只掌握单一的技能。

## 第三种情况是“摆烂躺平，明哲保身”。

你渴望学习新的知识、做出一番事业，然而领导却显得庸碌无为，既不愿接手小事，也无力承担大事。他们往往会摆出一副高标准、严要求的姿态，对任何事情都有自己的见解，但总能找到理由将任务推脱出去。“做不了，真的做不了，你们的需求表述得太模糊了。我提了三个问题，你们其中两个都没能回答上来，还是重写吧！而且我本周要出差，我们约下周三之后再开会吧，今天就到这里了。”结果，往往是由其他团队来接手原本应由你们负责的工作。几年过去，当你准备跳槽时，可能会发现自己的简历上竟然没有什么值得书写的成绩。因此，在遇到这样的领导时，你也要学会自己寻找成长的机会和空间！

# 71 -领导总是交代不清楚怎么办？

## 那就主动弄清楚！

网上有一个很受欢迎的观点："交代不清楚也是一种暴力，天哪！我的领导一直对我实施暴力！"

"领导"在大部分时候是个中性词，仅仅意味着此人有权力分配任务，并不意味着他无所不知，也不意味着他什么都能交代得清晰明白。与其心安理得地将其定义为"暴力"倒不如试着去搞清楚当前工作的需求、领导的需求以及你自身的需求。

领导或许能力有限，但你可以具备主动解决问题的能力。试着思考，他为什么交代不清楚？是只有你听着觉得不清楚，还是大家都有同样的感觉？他是能力不足、不敢担责，还是这件事在当下这个阶段本就没人能说得清楚？他交代不清楚的具体内容是什么，是事情的目的、执行的流程、团队的分工、客户的需求，还是上级领导的意见？明确他交代不清楚的原因和背后的需求。

再想想，你对这份工作有怎样的需求，在信息不清楚的前提下你能采取哪些行动？是申请转岗、越级汇报、辞职，还是梳理一份方案来让事情清晰化？是因不清楚就不启动项目，直接去问清楚，还是委婉地询问？抑或是向各部门打听来搞清楚，通过提供选项来缩小选择范围，在执行的每个阶段都跟领导确认一下……

先分析原因，再思考方法，然后付诸行动。领导将事情不交代清楚的情况或许可视为一种“暴力”，关键在于你的能力能否让事情变得明确。

那么，领导凡事都交代清楚就一定不是“暴力”了吗？答案并非如此绝对。

我刚参加工作时去客户那里开会，有时会听得一头雾水。五六个客户七嘴八舌地提出若干意见、建议和可能性，脑袋嗡嗡作响，心想这不得重新做方案啊？然而，优秀的客户代表或者创意总监会引导他们朝着可行性方向展开讨论，最终确认一些相对确定的修改意见。但实际上，这个“确定性”究竟有多确定，我觉得并没有那么绝对。客户其实也只是知道自己不满意现有方案，至于具体想要什么，他们也缺乏想象力，而且客户之间还存在利益平衡与博弈，比如会说：“既然你们主推这版，那就再去完善一下吧，时间还来得及，不行再改！”

创意总监回来之后，会整理出一份明确的修改需求单，交给创意部的设计师和文案策划师们，告知他们："客户觉得方向是对的，目前有几个小问题。"同事们听后松了口气，觉得方案终于通过了，改就改吧。可他们不明白为什么下次会议上方案又被客户大老板直接否决了，明明都到细节修改阶段了，怎么又要重新做一版。

为什么不直接跟创意部同事说，方案可能还会被推翻，目前的修改只是为了让客户进一步理解这个创意呢？因为公司没有足够的时间和人力成本再去做一套全新方案，因为这样说大家会产生负面情绪，会要求你再去问清楚，可能会争论到半夜，还因为方案未必会被否决，搏一搏说不定就能成功，优秀的创意总监能预估出"还是换回第一版"这种情况出现的概率。

有了这些经历后，我对接到的任何反馈都不会盲目全信了。

为了稳定团队士气，有的领导即便自己心里没底，也会表面镇定，条理清晰地布置任务，让大家先去执行。不确定的需求往往不会被认真对待，而在任务推进过程中事情会逐渐明晰，如果方向走偏了就推倒重来，似乎也只能如此。

因此，领导的指示是否清晰，都可能被看作是一种"职场压力源"，但如果你自己不能明确工作要点、捋顺工作思路，那在职场的打拼过程中，很容易就会遭遇困境。

明确的东西，未必不是“暴力”，夹着非常多的人性弱点、个人利益和信息差，主要看你的能力可以理解它的必然性吗，可以使其准确吗，可以识别吗？

# 72 -领导经常改口，反复无常应该怎么办？

## 一条道走到黑更可怕。

唯一不变的就是变化本身，局势在变，对局势的判断在变，想法变了就改口很正常，这一点也不离谱。还有一些人从未坚定过任何选择，了解他的处事风格，就可以相对轻松一点了。

领导没有安全感，没有决策力，你需要在他发表意见时，给他更多正反馈；在他跟其他部门或者领导掰扯时，给他更多支持；在他决策时，给他更多佐证……如果一直对他保持质疑，有反对意见也不说，喜欢看他出丑，除了闹情绪不提供任何支持，就只能恶性循环。

那到底谁才是领导啊，要这么帮他！如果你能做到这些，早晚你是领导。跟他比较，没什么好处，毕竟他也不是标杆，这是在节省自己的时间，在有效时间内获得更多经验，才是你所需要的。

举个至今没有解决办法的例子。

这也是一种大公司病！我是小文案的时候，标准的工作流程是这样的：写好的东西，上午第一稿给助理总监看，获得一点宝贵的修改意见；下午改完给总监看，又得到了一些新鲜的意见；下班前给执行创意总监看，不出意外还有更高屋建瓴的意见，我再加个班修改一下。有时候，跟我上午的版本差不多。而事情到此没有结束，我们给小客户提案，修改了几轮，准备上线了，噩耗传来，大客户说："方向不对，这不是我要的东西！"

总监们为什么不能早点看，一起看？客户为什么不早点跟自己的老板汇报？他们就不！很执拗！这个流程，到现在估计也是很多新人面临的棘手问题，但是我现在释怀了：对于一个初入职场的人来说，按自己的方式把一个事情做完，与在整个过程中听到许多不同级别、不同立场、不同岗位（或美术或文案或销售）出身的人基于不同考量提出各自的看法相比，后者收获更多。这经验多么宝贵、新鲜和高屋建瓴！

年轻人，学到什么才是最重要的！

# 73-怎么判断领导是否认可我?

## 你是很容易感受领导认不认可你的。

你可以从以下四个层面来评估领导对你的认可程度。

第一种认可：结果认可。你做的项目很好、很快、很完整或者超出了领导的期待。

第二种认可：初衷认可。无论结果如何，也无论你是否成功完成了任务，只要别人没做而你主动去做了，展现出你的积极性和意愿，就已经值得称赞了。即使结果不尽如人意或者事情最终没有成功，领导也会认可你的初衷。

第三种认可：过程认可。无论结果如何，领导能在你进行任务的过程中找到闪光点，比如你的态度、流程、效率或者在某个沟通节点上的表现。

第四种认可：第三方认可。这种认可有两种表现，一是领导会转述并认同他人对你的正面评价，比如同事称赞你责任心强、大领导对你的表现给予高度评价、客户对你这次的方案表示满意；二是领导会在他人面前表扬你、赞美你，为你树立良好形象。

因此，要判断领导是否认可你，主要观察他平时跟你说过的话以及他是怎么说的。领导认可的是你的成果、态度还是过程中的细节？真正的认可必然会带来实际的结果，比如，给你更好的项目、资源、提升和锻炼的机会。而如果只是口头上的认可，如我相信你能干这个、你能干那个，却没有付出任何实际行动，那很可能只是在“画饼”。

# 74-机会重要还是能力重要？

## 你没有的那个最重要，去找它！

很多有实力的人往往错失机会，因为他们太过务实，总是在等待。他们害怕过于渴望成功会被视为痴心妄想，害怕失败后会成为别人的笑柄，他们要等到实力远超所需，才敢采取行动。结果，他们的一生都在等待中度过。

反观那些你曾看不起的人，他们只是抓住了一个小机会，便逐渐崭露头角，甚至最终超越了你。因为他们有机会接触到你接触不到的人脉和资源。尽管起初他们可能毫无实力，但他们成长迅速，最终具备了实力！

因此，机会和能力都至关重要，或者你缺少的那一个更为关键！如果你的实力并非那么差劲，就积极寻找机会；如果没有机会，就潜伏蓄力。实力并非一蹴而就，而是在实践过程中逐渐获得的！

## 如何成为一个被高估的人?

你无须真正具备强大的实力，但外表上必须展现出实力。你需要被高估，因为被高估意味着面临的机会更多。

第一，适度伪装。可以适度撒谎，但你必须评估这个谎言是否能被掩盖。如果可以，那就去做！比如，《甄嬛传》的导演问叶澜依的扮演者热依扎是否会骑马，她不会，但还有几个月时间准备，于是她回答“会！”，等到进组时，她已经学会了。虽然欺骗有代价，但只要能承担，就是可行的策略。

第二，避免低级和显性错误。重要的会议迟到、给大客户发错文件、资金转错账户……这些低级错误多了，只会让你被低估。即使情有可原，别人也会对你失去信心。别人做不到的事情，你可以做不到；但别人都能做到的事情，你也必须能做到。

第三，坦诚面对错误。犯了错误，不要找借口，道歉只是第一步，更重要的是提出弥补方案，将损失降到最低。如果对方愿意与你沟通，你则更要深入讨论吸取的教训和未来努力的方向，并感谢他给你机会。

第四，积极进取。该争取的时候一定要争取，同时，保持谦虚的态度。如果有机会参加晋升评选，即使对手众多，也不要轻易放弃。既然你有想法也有资格，就不要因为害怕失败或担心别人的看法而退缩。

第五，展示成果。想尽一切办法，把自己已经做到、做好的项目展示给需要看的人看。不要认为别人会主动关注你的成就，好事需要自己传播。

第六，少树敌。多争取同盟者，能不得罪的人尽量别得罪。很多时候高层的决策往往取决于少数人的意见和附和。因此，不必过多争论，别人的几句话就可能决定你的“命运”。

第七，积极支持。同意别人的提议是一个明智之举。当你周围的权威人士或专业人士有理有据地提出某个想法时，如果你认同他们的观点，一定要表达出来。多支持别人的想法，就会让人感觉你的建议也很有价值！

记住，机会不是凭空而来的。分配机会的人需要了解你、信任你，甚至高估你，这样你才会有更多的机会！

# 75-什么是职场中的贵人？

## 贵人是一种高端人脉。

贵人在你职场的某个阶段，掌握着你急需的资源，同时，他们自身也是稀缺资源，能够拓宽你的视野，刷新你的认知。每个人都可能是你的贵人，他们通常是长辈、领导、老师或行业内的佼佼者。想要遇到贵人，首先要关注身边具有这些相似身份和角色的人。借力、借势，是职场晋升的捷径。那么，如何养成吸引贵人的体质？

第一，你要有价值，值得被贵人相助。展示自己的能力和价值是吸引贵人的首要方法。无论是业务上的能力还是个人魅力，都要适时地展现出来。时常汇报自己的工作成果，让贵人看到你的潜力，这样他们才敢给你机会并提携你，同时，你的礼貌、谈吐、分寸和真诚都能展现自己的价值。如果你只是一味地索取资源，而不愿付出，那么贵人很可能会被其他人“抢”走。

第二，要给予正反馈，展现成长。当贵人给你推荐了一本书或一部纪录片时，你可以在下次聊天时提及你从中学到的知识或解决方法并告诉他这对你有多大的帮助。这就是正反馈，它会促使贵人继续给你更多的建议和推荐。只有持续交流和正反馈，才能建立起稳固的关系。

第三，要自然，不要突兀。对于那些不常联系的人，想要与他们熟络起来，就要留意他们的兴趣爱好和日常活动。比如，如果他们喜欢摄影，你可以分享一些摄影公众号或自己的摄影作品；如果他们要搬新家，你可以推荐靠谱的师傅给他们。保持关注，才能自然而然地出现在他们的视线里。

第四，要有牺牲精神。虽然我们不提倡潜规则，但在职场中，为领导或同事做一些顺手的事情是很有必要的。比如，你可以主动帮忙贴发票等。在职场中，没有人有义务为你的业务水平提升负责或为你犯的错误兜底。如果你想要得到额外的提携和帮助，就要有额外的付出。

第五，要真诚。人与人之间的关系都是建立在相互认同的基础上的。如果你对一个人没有认同感，那么任何赞美都会显得违心。因此，在结交贵人时，一定要保持真诚和尊重。

最后，补充一点，这也是最难做到的一点。很多时候，贵人可能就在你身边，比如，你的同学、同事或下属。一开始，你们可能处于同一起跑线甚至你领先于他们，但后来他们可能超越了你。这时，不要滥用你的权力或地位来压制他们。相反，你应该以开放的心态和善良的品质来对待他们。当你成为别人的贵人时，不要吝惜你的帮助。因为得道者也多助。

## 此外，结交贵人时有没有禁忌呢？

当然有，这也是一种筛选机制。以下是结交贵人的五个禁忌。

第一，忌过于热情。对于那些日常联系不多的人来说，过于频繁地聊天可能会成为一种困扰。热情是好的，但要保持适度。不要每个节日都送礼物或频繁地提问，否则可能会让对方感到厌烦并屏蔽你。

第二，忌过于直白。直接表达你想要学习的愿望或想要的机会可能会让对方感到为难。很多人欣赏有野心的人，但不喜欢把目的挂在嘴上的人。有些事情自己知道就好，除非贵人明确表示愿意教你或给你机会。

第三，忌冒犯对方。在请求帮助或打听事情时，不要使用冒犯性的语言或行为。比如，不要说“大家都在走后门，我也想找人问问”。这样会让对方觉得你的层次很低，即使你有实力也不敢推荐你。尊重别人就是尊重自己。

第四，忌没有边界感。与不熟悉的人相处，要保持适当的距离和边界感。不要交浅言深或过于亲近地表现自己。

第五，忌过于脆弱。不要因为几句难听的话就感到受到暴击或不被尊重。想要对你成长负责的人一定会敢于指出你的不足和错误。因此，在与别人聊天时，要学会从言语中剥离情绪并提炼内容。

# 76-我完全不了解我的领导，怎么办?

## 被了解是每个人的基本需求!

对于领导，我们应该具体了解哪些方面呢?

第一，了解领导的KPI和痛点。你的工作是领导工作的一部分，只是由你来执行。因此，你需要深入了解领导的KPI，并协助领导一并完成。同样，领导的痛点也是你的痛点，学会主动换位思考，这样你才能在沟通中准确触及他关心的问题，引起他的重视并为他提供帮助。

第二，了解领导的工作模式。不同的领导有不同的工作方式。有的领导会先消化所有需求后再给你指令；有的领导喜欢把需求都扔给你，让你来做基础信息处理；有的领导不喜欢解释，也懒得解释；有的领导希望你带着解决方案去找他。每个领导都是从升职过程中走过来的，人和人各不相同，只有深入了解他们的工作模式，才能与他们顺利合作。

第三，了解领导的时间安排。每个领导都有自己的时间习惯，你需要了解他一周和一天的时间安排，找到最佳的时间、地点和方式与他沟通。如果领导有拖延的习惯，那么，管理他的时间就至关重要，因为这最终会影响到你的工作成果。

第四，了解领导的管理风格。有的领导有责任感，勇于担责；有的则相反。有的领导喜欢亲力亲为，事无巨细，还担心你窥探核心技术；有的则喜欢让团队内部竞争；还有的则注重情绪价值。如果领导擅长邀功和推责，那么你在工作中就不能自己做主、闷头干，要勤于汇报、善于汇报，并想方设法获得授权。如果领导没有固定的模式，你需要通过观察、分析、尝试和复盘，找到在他的管理模式下最适合的工作方式。

那么，如何了解这些信息呢？通过观察、留意、分析和复盘来获取信息，这样的工作可能会让你觉得有压力。但实际上，不仅是对领导，对你周围的每个人你都应该有类似的了解，这样你才能更好地“管理”他们！同时，你也需要让领导更了解你，以便他能委你以重任。这是一个相互了解的过程，需要双方共同努力。

# 77-我的领导完全不了解我，怎么办？

## 信任从无到有，从有到多，是一个过程。

初来乍到，如何加速这个过程？如何快速获取信任？

下列方法在日常中不妨用起来：

第一，增进了解。增加日常接触的频次和沟通的深度，至少不能躲着走，建立跨越岗位职责的联系，让他有可能了解你为人处世的风格。

第二，解决难题。事情从做了到做完、做对、做好，循序渐进，不必完美但也不能掉链子。任何一个领导都有自己的短板、痛点和难题，比如，他今年绩效压力大，你做了露脸的事情，要第一时间汇报，让他去汇报。让他有可能了解你的能力。

第三，及时汇报。没有把握、做不到，要汇报；做好了，要汇报；搞砸了，要汇报！他必须对你做的事情有全盘的了解，包括阶段了解，难度了解，成果了解，才能给你帮助，给你晋升，给你更多权限，我见过因为觉得领导不懂而懒得汇报的人！他不懂，更应该汇报！让他有可能了解你的进度。

第四，维护权威。对于领导的决策、策略和提议，有意见说意见，没有意见表达支持，通过维护他的权威和地位，得到信任，也不要无缘无故挑战他的权威。很多时候批评是为你好，好，就接受，有时候批评是误会了，误会了，就找到原因，积极解决，不要当众顶撞，不要赌气任性。赌气，要么走人，要么会略显尴尬，无论哪种，都不是正常的职场氛围。让他有可能了解你的态度。

当然，不是罔顾所有原则，无限度争取信任。一个人最大的财富是信誉，做人一定要有自己的底线和原则，给自己树立正面形象，也容易赢得信任。

# 78-跟领导的想法和做法有分歧，怎么办？

## 调整自己的！

### 经常跟领导的思路大相径庭？

试过了所有的方法都无法说服他？无法说服就不要说服！上班这个行为，还有一个不常规的理解方式：花别人的钱，买自己的经验。什么是经验？项目经验，社会经验，协作经验，人际关系处理经验，方方面面都是经验。

谁职位高？谁负责？谁出钱？谁经验多？都是他！那为什么不照着他的想法做呢？你的理由他看过了，他觉得无所谓。你怎么确定你是对的呢？花他的钱去实践，成功了你有成功的经验，不成功你有失败的经验，花他的钱买自己的经验。

你尽力了，你又没有决定权，就不要太苦恼，没到那个位置，就不要“越界”。经验多了，你就到他的位置了，你就可以作决定了，到时候你可能会理解他，也可能会超越他！都是试错，没有机会试自己的，就试他的。

打工都是不得已，打工都是为自己，不要本末倒置了。

## 你们行事风格存在巨大差异?

他是完美主义，你是时效主义，他是保守派，你是激进者，怎么办?

我的观点是，谁的团队谁说了算！你可以去影响他，如果你有潜移默化的影响力。你略通些拳脚，只熟悉有一说一硬刚这种类型的策略，或者跟他一样执拗地坚持做自己，你会比较难过！这离谱吗？不离谱啊！你做了领导，其他人也是这个处境。一个团队需要领导，是因为需要领袖，需要灵魂，需要全方位一以贯之，才会有效率，才会有结果，必须这样。我是领导，我有我的风格，你来了，你说按你的风格来吧，我说好的，那我太不称职了。谁的团队听谁的。如果你有选择，选择加入谁的团队，最初的判断标准是对谁产生“我想听他的”这样的想法！

# 79-如何管理领导的时间?

## 一天天操碎了心，什么都要管。

管理好自己的时间，已经很不容易了，为什么要管理领导的时间？那肯定是因为他影响到你的效率和你的安排了，你要管理的是这一部分。所以，多了解他的时间使用习惯和原因。可以改变吗？不可以改变吗？需要适应吗？不想适应呢？主动寻找解决方案。

举个例子，4A或者大一点的广告公司对人都无比包容。前面我提过类似的困扰，我十一点上班，领导吃完午饭才来或者来了包包一放，“走，吃饭去！”我们在所有的项目流程上都是客服部门先跟他打招呼，把需求单先发给他，他先消化，想想怎么分配，再跟我们开会。我跟他工作两周就知道这样下去不行，但是我不能跟他说，“大哥，您早点来呗”，他要真能起床，他也就来了。

我的办法是每天下班前去找他问问明天有什么事情，需求单可以先发我，我笨鸟先飞晚上研究一下。一般我是上午来研究的，找资料也好，写框架也好，下午开会，我就有初步想法了，就不需要非加班才能做完。时间长了，他就直接把需求单同步给我，开会也叫我，没空就我自己去开会。信任也是一点点累积的，他更放心下午来了，但对我影响不大了！

再举个例子，有群友说，“我的领导天天加班，图打车回家报销，就剩他一个，蹭打车费昭然若揭，所以他会有意无意留我们一会儿，每次下班我都战战兢兢，怕他突然给我安排点任务，非常想跟他说，‘您也没什么事情啊，早点下班呗！’”

怎么管理领导的时间？不要揭穿，不要劝服，要去制造行为的合理性，在公开场合大声表达，“我还有点事情，离家挺远，不安全，我晚上回家处理，领导放心，不会耽误工作的，您也别熬了哈！”潜台词：领导不是没事非要加班，我不在公司也可以把事情做完，只是我们工作方式不同而已。他或许能放过你。你不企图管理他的时间，他也就不管理你的时间了。蹭打车费，这样好么？那是领导的领导的课题，是公司的课题，课题分离！

# 80-领导经常半夜找我谈工作，怎么办？

## 先确定他谈的到底是不是工作。

排除其他危险可能，还有几种可能性：

第一种，他随时灵感爆发，有了想法就得表达。

第二种，他是一个工作狂，潜移默化地想让每个人都跟他一样。

第三种，他是一个控制狂，员工必须24小时待命。

第四种，这个公司就是这样的，没有边界，这是一种要求。

第五种，这个公司就是这样的，大家都极度热爱工作。

分别怎么办呢？

第一种，看看就算了，也没强迫什么，翻个身睡觉。

第二种，第二天早上回复，问就是，已经睡下了。

第三种，第二天早上回复，问就是，已经睡下了。

第四种，看你属不属于这里了。

第五种，看你属不属于这里了。

随着“00后”陆续毕业走上工作岗位，个人的自主性和主体性闪耀职场，大家不愿仅仅成为工具人，更期待与领导或老板建立平等的工作关系。这是需要呵护的苗头！

有个快毕业的同学开玩笑地说：“我害怕上班，主要是担心老板不听我的！”我不觉得这是痴心妄想，所有人都希望别人听自己的，刚毕业也可以！但我们得允许别人也有自己的想法，有自己的行为处事方式，他推行他的想法，我愿意我就接受，我不愿意接受，我就得想办法推行我的，找彼此都能接受的合作方式，这是一个过程，需要一些技能，是人对自主性和主体性的捍卫！

# 81 -如何跟领导汇报工作?

## 汇报不是被偷窥、被觊觎、被评判!

那不是老板，是跳板，那不是汇报，是回报！汇报是个机会，让老板或领导看到你已经做的、正在做的和未来要做的事情！汇报的最终目的是很清晰的，工作就是拿钱办事，办了什么事情，肯定得让他们了解！即便不是跳板，也可以做个身份翻转，你是老板，你喜欢听汇报，还是被蒙在鼓里？你是直属领导，你对项目负责，你也有自己的汇报对象，你希望下属排斥汇报吗？

## 汇报是一个很普通的工作流程，可以从以下全新视角理解汇报：

第一，汇报是向上管理的核心途径。他对你不放心，他对项目不放心，他本人没有安全感，他喜欢掌控，他需要了解进度，他需要继续向上汇报，那就让他了解！

第二，汇报是向上管理的核心场景。多拿工作跟领导沟通，他会更容易了解你的能力、态度和工作的成果，谈升职加薪的时候，“我的成果”这项已经铺垫一年了！

第三，汇报是一种求助策略。他对你的工作量和态度有持续了解，他会相信，甚至预判你手上的项目，确实一个人搞不定，他会知道如何才能帮助到你！

第四，汇报是一种免责策略。领导看过了，领导同意的，最后策略失误，项目搞砸了，最差的结果也是大家一起承担，不至于说你“自作主张”！

## 那你应该怎么做主动性汇报呢?

不要等人问，优先从自己的角度出发，你有什么需要直接跟领导汇报，可以方便求助，解决某个问题；可以先发制人，预防某个问题……不仅要思考他想听什么，还得思考你想说什么！

利用好汇报的主要途径，如周报、月报和项目会议等，养成自己的汇报频率和规律，进行项目阶段性反馈（前期、中期、后期）、项目成果反馈和项目问题反馈。汇报有很多方式：

第一，抄送就是“备案”！养成抄送邮件的习惯，防止被抢功劳和背锅，没有抄送就在群里同步，既要“备案”，还得符合公司和领导的工作习惯。

第二，吃饭聊天、电梯遇到，都可以找机会汇报。“哦，您下周出差去上海，我们组12号在上海刚好有个活动，我稍后给您发一下介绍和邀请函吧，有时间可以指导一下！”“下周您在公司吗？有个小事情，想跟您沟通一下！”下周找个机会，就去敲门！

第三，项目做完了发群里。项目链接发到大群，发红包请求大家帮忙转发支持；在老板看得到的地方，发项目战报；只要你愿意，总有方法汇报。

当然，很多企业有过度汇报的弊病，每周要写周报文件，每月要写月报总结，三个月一次述职演讲，大量的时间在制定KPI，验证是否完成了KPI，因此没有时间完成KPI。这种属于极端案例，改变不了也得适应，利用好碎片化时间，工作进度随手更新到表格里，时间到了，检查一下，就可以提交了！

记住一个事：你做了什么，你自己知道没用，给你发工资的人知道才有用！

## 如何做好口头汇报？

当你进行口头汇报时，如果经常有语塞或被打断的情况，你应该怎么做？口头汇报有几个要点：简练、精准、流畅、客观。时间有限，没人喜欢啰唆，不着边际，磕磕绊绊，没有逻辑或者夹杂太多情绪。

有几个重要的角度和策略，给大家参考一下。

第一，总结性：你要说什么，一句话能搞定就一句话。客户到门口了，“张总，客户到了，Kevin和Steven，已经安排在大会议室了！”如果你非常尊重老板，先询问是否有时间，再说，“跟您说个事情，有客户来啦。”“哦，是谁啊？”“是Kevin和Steven！”“在哪里啊？”“在大会议室！”这样老板每天得花两个小时跟你聊天！

第二，报喜鸟：好消息多汇报，坏消息早汇报，好消息坏消息合并汇报。坏消息也不全是坏消息，总有好的成分在，把握汇报的角度……不要把自己打造成报“丧”鸟，每次找领导都是垂头丧气，不然领导都要问：”又搞砸了什么！”

第三，时机性：不要触霉头。不要在领导刚刚因为某个项目受挫被他的领导骂时，你去请假，你去告状……但紧急的事情，绝对不要拖延！必须现在汇报，就赶紧去。没有必要觉得他不爱听、不想听，他必须听！比如，你的领导休假了，你们这休假一般不打扰，但今天有个急事，客户突然需要一些资料，只有领导有权限，你需要跟他要这个密码吗？是拒绝客户，还是打扰领导？休假被打个电话，不是什么要命的事情，拿不准就打，简洁明快迅速沟通，“不好意思，打扰您休假了，目前有一个特殊情况……您看怎么处理？”瞅准时机，不失时机！

第四，思考性：预判领导可能会问到的问题并思考答案。比如，你的工作是邀请一位大咖来参加某个专家会议，开始一切顺利，突然他说不能来了，原因是行程有冲突。事情卡在这里，不管你怎么解决，都肯定要跟领导汇报。但你得先思考这些问题：这个行程冲突是借口吗？怎么核实？我们的会议是最终时间吗？可以更改吗？他不来影响大吗？他是一口回绝，还是说不太确定？有其他人选吗？打算怎么继续沟通？其他人选名单在哪里……汇报能力跟工作能力是一套的！你推开门就跟领导说，“不行，他来不了！”领导把上面的问题一一问你，你都说不知道，他肯定不仅仅想打断你的话！

第五，答案性：对自己处理的事情，要了如指掌，问项目到哪步了，就能说出到哪步了。简单来说，不要一问三不知，日常对自己的事情多梳理，汇报的时候就不会支支吾吾了！

第六，延后性：那真的不知道呢？也不要胡说。比如，“这个项目到什么进度了？数据跟我说一下！”“稍等，今天的例会还没开，您是着急要吗，着急的话我马上去核实一下，10分钟后跟您汇报！不着急的话，例会之后，我给您发个邮件”，而不是“不知道”！

第七，书面补充性：口头汇报过之后要想，我是否需要做点什么？比如，领导口头问过某个项目的进度，看起来像突然感兴趣了，那你是否需要把进度表同步给他；比如，领导同意了你的方案，但是他的为人你了解，最后效果不佳，他肯定会赖你，甚至说你自作主张，那你回去之后，简单整理下思路和分工，“根据领导指示……”，发个团队会议邀约邮件，一并抄送给领导，这就落到纸面了！

## 如何做好书面汇报?

当你进行书面汇报时，从以下五点做会更加分。

第一，书面汇报更要注重严谨性。含糊的事情，不确定的事情，不要说得太肯定，不要保证如何如何，口头汇报时可以用不同情绪表达，但是落到纸面就板上钉钉了，说得太肯定以后不好下台，也要避免歧义表达。比如，口头交流的时候，这个项目你能接吗，你面露难色吞吞吐吐地说，“也不是不行，啧，我先看看吧！”变成文字，就没有情绪，没有疑问了，那感觉就是，“行！给我看看！”

第二，段落鲜明，序号鲜明，重点前置，重点突出。每个人每天都要看很多内容，如果堆在一起，就需要花时间整理零散信息，如果不是重大利好，肯定会烦躁！有多件事情就用“1.2.3.4.5.”展示，开头第一句都是总结性语言，重要数字标红或加粗，需要确认的东西标黄等等，也千万不要好消息简明扼要，坏消息洋洋洒洒！

第三，不要忘了附件。如果是发邮件，领导在等你的方案，正文写得挺好，“……请查收，请看附件。”结果附件是空的，然后下班走了，联系不上了！耽误了时间，做得再好，也可能无法弥补。

第四，发完邮件，有时候需要提醒一下，微信，口头或者电话，根据情况判断。我们的文化里，纯邮件沟通还不是一种习惯，很重要的邮件发完最好说一下，免得出了状况互相推诿。

第五，关注私人习惯。比如，领导年纪大，眼睛有点花，可以用增大字号；他不用电脑，只看手机，你就不要发文档，直接贴文字；比如，老板不懂英文，你就不要夹杂英文！

# 82-如何跟领导提自己的想法？

## 直接说不行吗？当然可以。

总有不行的时候！分享几种思路：

第一，见缝插针，碎片式沟通，把沟通的战线拉长，体现出不经意。比如，初来乍到，发现公司有很多流程上的问题，吃饭的时候可以有意无意聊到某个项目效率低的现状，不批判，只表达困扰，引起对方的共鸣，测试对方态度，如果有改变的想法，可以提一嘴，以前也遇过类似的情况，挺复杂的，但可以试试在流程上做些简化，“我回去梳理梳理吧，给您发个邮件！”其实早写完了，但这样更好接受了。直接聊效率的问题，对方会认为你眼高手低，一来就挑三拣四，对抗心理也会很强！

第二，有前因后果，铺垫逻辑，甚至自我归咎。比如，带你的老同事排版的物料总是出错，但一有客户投诉，他就说是你做的！可以跟老板聊聊，“我最近客诉有点多，工资扣了不少，我反思了一下，确实事情多了就不仔细了，痛定思痛，从设计师角度出发，我想说，是不是可以有个规范？要不我说说？我有一些关于程序、标准、规则的想法……”你解决的不是老同事不认真，推锅给你的问题，是如何提高客户满意度的问题。你去聊“推锅”，老板会认为你在告状，没有感恩的心，想法太多，不利于团结！

第三，让对方更多参与进来，不要直接给完整方案。上面的案例，循循善诱，等领导自己说，“那是不是可以有个规范？”“对对对！我怎么没想到？规范！就是规范！”“那我回去整理下细节，一并发您再看看？”让对方觉得这个东西是你俩一起想到的，尤其是需要推行的东西。

第四，你只需要抛出问题，他会自己查。有些事直说伤自尊，直说对方不信，那就埋下怀疑的种子！比如，作为初创小公司的合伙人，你发现这个公司的办公用品和员工福利支出有些异常，负责采购的行政是大老板的好朋友。大老板喜欢强调“廉洁是高压线”“还是得用自己人”。与其直说，还不如隔三岔五和大老板聊聊天：“我老公公司今年买的也是这个月饼，卖相好，吃起来不错，性价比很高……80元一盒性价比还不高吗？我们的要300元？是不是馅儿不一样啊？”“咱公司的行政是自己人挺好的。有些公司是得盯着点，比如出现两人负责、指定供应商或者其他方式。我也是最近才知道，有些办公用品平台的卖点就是20%的返佣！”

## 不同的人，有不同的提法，这几种都用不上怎么办？

人生处处皆学问，有时候看电影、电视剧也可以学到很多。《甄嬛传》第二集，皇帝想封甄嬛当贵人，皇后不满意。但她没有直接说她觉得不好。她说的是："好啊，就贵人吧，除了前头满军旗的富察氏是贵人，蒙军旗的博尔济吉特氏也是贵人，汉军旗秀女中正好也有两个贵人了。"皇帝很诧异，怎么有两个贵人？皇后的理由是，眉庄父亲的官位比甄嬛父亲甄远道高，甄嬛是贵人，眉庄也得是贵人，这不就两个了吗。"虽然皇上重视汉军旗，可是满蒙联姻是旧俗，汉军旗有两个贵人，这样做会不会太过显眼了？"皇帝只得作罢！

日常跟权威感比较重，偏执、不喜欢听反对意见的人交流，也是这样的流程：

第一，有意见不急于否定，先肯定！

第二，顺着他的逻辑，把他没想到的部分补充全。

第三，借刀杀人，不是你觉得不行，是其他人有意见。

第四，等，让对方自己否定自己。

# 83-领导常见问题如何作答？

## 唯一的标准是，没有标准！

### 领导问到你没负责的事情怎么办？

带着目的去聊天，永远知道自己要什么！

错误答案一：我不知道啊！

领导内心戏：你知道什么！就知道吃！

错误答案二：客户不满意上一版方法，骂了一顿，我正在重做！

领导内心戏：看见你就没好事！

正确答案：稍等！这个是大宝负责的项目，最近好像有新进度，我叫她过来？

不卑不亢，不急于否认，不替人受过，不代人受赏！

### 当领导说："辛苦了，最近挺忙啊！"

仍旧没有标准答案。

青铜：累死了，知道就好！

领导内心戏：本来想请大家吃一顿！

白银：不辛苦，都是我应该做的！

领导内心戏：不辛苦就好，又来新活儿了，应该不会拒绝吧！

黄金：不辛苦，命苦！

领导内心戏：你还挺幽默，年会表演个脱口秀吧！

神回复："最近事情确实有点多，拼了，不过话说回来，能不能让隔壁小黄过来帮几天忙，我这边剪辑师累趴下了，连轴转，也影响成片的质量！"顺滑接过话题，借机表达需求。

"我以为领导不会在意这些小项目，没想到您都在留意，我这边有更详细的复盘报告，可以发您看下，给点指导意见，未来那个游乐场的项目，我这边有一些初步的想法……"持续增加接触机会，借机表达自己的需求。

如果这个领导新得了一个烂尾项目，正找人善后呢？"是是是，这段时间确实挺忙的，好几个项目，都卡在这两个月上线，您也挺忙的吧，一定注意休息呀！"

## 当领导说"最近表现不错啊！"

也没有标准答案。

青铜：没有没有，我有很多不足！

同事内心戏：是的，他刚搞砸了一个提案！

白银：可不是嘛，谢谢领导，我会努力的！

同事内心戏：哟，都是你的功劳，你等着吧！

黄金：都是大家的功劳，团队的成果。

同事内心戏：他说的没错，但他好假哦！

神回复：领导定的方向，分工明确、积极向上，大家都那么优秀，我也不能落下。下周那个游乐场项目，如果有需要，我也想参与参与、学习学习！

带着目的去聊天，知道自己要什么，才能得到！

# 84-如何拒绝不合理的工作?

## 没有人是想工作的，但凡工作都不合理!

我就这样，闲着就发慌，事来了也烦。天天想大干一场，一叫我开会，还是会抵触。当你想拒绝工作的时候，想一想会不会是自己的问题，反正我年轻的时候，50%是我的问题，30%是领导的问题——隔壁组太会推活儿了，我们组不饱和，他们干得更少，我们总监不善推辞，20%是公司的问题——有客户就接，给钱就接，不给钱也接。

与我相反，很多人的表现是即使感受到了职场不公，仍然选择全力以赴地“积极”工作，不敢反对，不轻易让领导和公司失望，这是一种过度积极。想拒绝、会拒绝不合理的工作，不丢人。

## 不合理的工作分三种情况。

第一种不合理，自己认为不合理，实际上没那么不合理。你要拒绝的是自己的心，没有无缘无故的提升，能力都是从经历里获得的。干脏活累活能有什么提升？基层岗位能有什么选择呢，有核心技能，还是宝贵经验？你不干，那谁干？你不干，你想干什么？为什么相信你能干好？做核心业务需要实力，需要机会，机会来自哪里？来自你的态度，来自你能把小事做好！

第二种不合理，你不干，就没人能干了，但是确实不合理。拼尽全力，事情都推不出去。如果这个公司或领导永远这样，就离职！有能力的人，去哪不能发光发热？不走？那就做，而且要做好。但做之前聊聊其他事情，你需要团队、你下个月需要休两天假、未来的涨薪幅度、优秀员工的名额、明年的升职、这个项目的绩效占比……有的人责任感太强，拒绝的时候蛮横，做的时候尽心，就很容易出力不讨好，下次有事还找你。因为找你放心，你只会骂两句。正所谓，越爱抱怨的人，干得越卖力。额外的付出，需要额外的报酬。一次两次开空头支票，从第三次开始那就可以坚决拒绝了。

第三种不合理，分配不合理。同事搞砸的事情，你善后，同事闲着，你忙得起飞！这种情况要优先带着方案去拒绝，少一些主观，多一些客观，把领导当成伙伴，当成一起想办法的同盟，而不是你的对立面。如果你表现出你的一切不公平都是他造成的，他本来对你有点愧疚感，现在反而踏实了。方案是什么？这个事情可以给谁，你可以帮他做哪部分，如果他不自己做，未来对你们团队有什么不良影响，对领导有什么不良影响，你要是做了他的部分，对你的项目有什么影响，你的客户有什么损失……

第四种不合理，纯粹不合理。那就直接拒绝！我在日常视频中分享过超多实用的方法，可以学一下。

# 85-跟领导请假他不回复，怎么办？

## 去，也不是！不去，也不是！

前面提过类似的解决方法，核心策略让“不回复”等于“同意”，不同意就得吱声，人，一旦需要吱声，他说的话就得有合理性，于是他陷入了两难，但你得到了假期。

“张总，下班扭了脚，周末的节目排练，我可以不去吗？想请个假！”

你要这么说，你就得等他回复，不管你什么理由、什么原因，他不回复，你会很被动。你一瘸一拐去了，他说，“不是请假了吗？怎么又来了？”你不去，他说，“我没批准啊！”

“张总，下班扭了脚，周末的节目排练，恐怕就不能去了！我扎俩彩球，演出的时候使劲呼啦，谢谢领导！你们加油哈！我去冰敷试试！”

通知的意味更强了，我说了不去了，你觉得不行，你得联系我！你不回，我就不去，你回了，我就直接给你电话，道德绑架！

有一个小贴士，正常请假，不要搞“无奈通知”！

我刚上班的时候，跟自己的领导关系还不错，公司其他前辈也教会我很多。有一次，我过年想多休几天假，不好意思跟领导提，怕他觉得我事儿多。我跟一个马来西亚的客户总监聊天，“要不我就不请假了，多玩两天，到时间了，就说没买到票！”

他说：“不行！人要忠于自己的想法，想多休息几天，想陪父母没有什么可耻的，跟他说就好了，你领导不是那种人，他会尊重你的想法。如果事情多到你不回来不行，我觉得你也应该尊重他的想法，如果你的确回不了，妥善分配和处理工作是他的责任。我的下属，有需求不提，我以为他明天进公司，他突然说买不到票，我可以肯定这是借口，我不能把他怎么样，甚至告诉他别着急。但以后类似的状况，我会跟他提前确认，我会不放心他，你看是不是得不偿失？”

醍醐灌顶，人要忠于自己，忠于自己的形象，要有责任感，不要给别人带来不必要的麻烦。我大胆去请假了！领导说，好的！

# 86-领导抢功劳又不愿意担责，怎么办？

## 团队成果，就是团队领导的成果！

有一种心态需要调整，“我的功劳是我自己的，跟领导没有任何关系”，你的就是他的！即便你非常不喜欢你的领导，你们共事的时候，你也要有这种自觉：利益不完全统一，但你们确实荣辱与共！他好，你可能好；他不好，你好不了；他不好，你还能好，你就不需要他了，你直接杀出一条血路，摆脱他，跟他平起平坐。只要你是团队的一员，你的功劳就是他的！

如果心态调整之后，仍然觉得他的行为很离谱，那你需要继续判断，他贪图功劳的性质，他是什么心态、什么目的？

如果是对外，在公司大会上或者跟老板汇报时，这不是抢功劳。你的就是他的，他有需要，就给他，下次记得提前给，甚至要把结案报告写好。在对外会议上，他代表的是团队，大家好才是真的好！对你来说，是你的抢不走，你的是他的，他的才会是你的！

如果是对内，你的就是你的，他其实没必要抢。他非要跟你抢，跟你比，是缺乏自信的表现，或者感觉权威受到威胁。如果你还想继续做下去，可以主动让功，日常多汇报，表示“都是领导的支持”，不要挑衅对方的权威，让关系轻松些，以便获得更多“支持”！

如果你们只是表面的上下级，你不属于他的团队，他也没有权力安排你的工作内容，那么无论会议还是邮件，尽量记录和保存你对项目的贡献，在需要“对峙”时可以有据可依，如有必要，也可以向更高一级的领导反馈你的工作情况，说明你对架构和团队分工的建议！

当众推卸责任肯定不是个好领导，下属有问题，就是领导自己有问题。从岗位职责来讲，领导的工作，包括背锅甚至“擦屁股”！实际上，替下属背锅有两个好处，一是可以收买人心，增强团队凝聚力；二是可以独善其身。这个算我的，那个算我的，真的是我的错误，也就没那么严重了，也就不会被下属揪着不放了。

反过来，如果遇到拎不清的领导，主动帮他背锅，是一种解脱，背了不会有什么影响就背。但是你至少学会了，日常工作要严谨，要保留各种证据，想争取一下的时候，不至于百口莫辩！

# 87-承诺项目计入绩效后只字不提，怎么办？

## 少一点内耗，多一点主动。

很多老实人容易犯一个错误：自己不争取，什么都没得到，然后怪别人不主动。

当一件事情有难度、很麻烦、没必要，或者跟自己的利益不挂钩的时候，一般人都会选择“不做”，甚至真的是忘记了，他自己还有一堆被承诺、没兑现的事儿要处理！

每个人都是这么双标，你的事情，我不提，你也就不提，我为什么要提？你来找我，再说呗，能搪塞过去就继续搪塞，不能，就给你办了，我是信守诺言的人！

别人不提，你就自己去提，不要既期待结果，还期待别人主动，更不要先入为主认为是领导不仁义。他只字不提，他肯定是忘了，怎么会是故意的呢？已经敲定好的事情，也不需要再拿出来聊来聊去了。

回到问题，承诺了绩效，但是项目结束后领导只字不提？

准备好绩效的报告，主动去找他，“最近有点忙，绩效表我更新了一下，之前有个项目没填，您看下，电子版我也发您邮箱了！”“工资是从这个月开始变化的吧，需要什么流程和资料吗？”不要问“为什么”和“为什么不”，直接问“这样可以吗？”

有时候就是一句话的事，没有一点难度，他不提，他爱提不提，你提！

# 88-寻求领导帮助，会被“差评”吗？

## 分情况！

有些事情是千万不能跟领导求助的，有些必须求助。他一句话，财务部门就批预算了，行政部门就把仓库收拾好了，一直约不上的大佬，直接回复邮件答应出席活动了，隔壁部门的同事就来给你支援了……这些事情，权限不到，磨破嘴皮也要半年，死磕也完不成。帮你完成工作，就是他的工作，为什么不求助呢？

但，有些事一定要自己解决。

举个例子，有群友求助，“我刚升职成为团队的主管。但是我很苦恼，团队里的员工，有喜欢唱反调的，有干活不主动的，有倚老卖老的，有业务能力差还得给他善后的，还有人一遇到困难就找我，我怎么去跟老板说呢？”

想说什么，去投诉，去抱怨吗？老板可能会先开除你，或者换个人上。把你放在那个位置，不就是解决这些问题的吗，这就是管理，这就是职责，这也是为什么岗位也经常叫作“坑”，邀你来就是为了填坑！

分工、预判、指导和善后，都是管理岗的职能。员工有这样那样的问题很正常，他什么心理？什么动机？什么目的？是故意找茬，还是一直这样，或是被人利用了？他有什么弱点？你用什么沟通方法或应对方式解决过吗？思考这些问题，是比找领导更有效的方法！

那就真的不能跟老板说了吗？也不是！死扛也不对。但你不能只抱怨和投诉，你得像个领导，“我认为目前团队有一些问题，可以通过新的岗位安排，人事任免，技能培训，流程制度或者奖励制度等角度去解决，需要您批示或支持的点是……”你可以解决不了，但你一定要有思考痕迹，试着解决过，带着方案老板才会听，才会觉得你在做事，也会觉得自己的决策部署很重要。退一万步，他觉得你的方案不行，他会想想有什么可以做的，也了解情况了，也有心理准备了，也满足了你的投诉心态！

我们用了一个中层领导举例，这个案例里有两个“求助”的角色，一个是题主，下属不好管理想求助，一个是题主的下属，业务做不好想求助。在其位谋其政，搞清楚自己的岗位职责，不是有困难就求助，是有解决不了的困难再求助。求助没有必要，就不要求助，求助有必要，就必须求助！什么都求助会被差评，做不好事情更会被差评！

# 89-被批评了，但不是我的错，怎么办？

## 先别发疯，一定要徐徐图之。

被批评一定不舒服，真的做错了也就算了，但有时候是被冤枉的，当下没有机会辩解，没反应过来，怎么办？一定不要冲动，前面的错不在你，别在后面犯了错。

举个例子，有个朋友说，“客户投诉我态度不好，有情绪，无法沟通，根本原因是他想要我违规开票，我拒绝了，他开始耍赖。领导看了一部分聊天记录，劈头盖脸骂我一顿，我委屈，我态度更差了，领导说，‘你果然有情绪！’现在下班了，我脑子甚至飘过了辞职的念头，怎么办？”

先调整情绪，职场最要不得的就是情绪，或者让别人觉得你有情绪，除非这里需要情绪。他不问原由，是他的问题。明天去找他谈心，表达几个方向的内容：

第一，承认错误。承认自己态度欠佳，包括昨天跟领导的对谈，“肯定不对，已深刻反思，绝对不会有下次。以后跟客户有类似的开票分歧一定好好沟通，或者跟领导汇报寻求帮助！”这个时候你已经把根本问题抛出来了。

第二，适度辩解。“但是昨天这个事情，想多说一句，我不是为了我自己，这样对公司有风险，我合理怀疑他想激怒我，然后以投诉为由，让我妥协。下次一定吸取教训！”

第三，给领导出主意，以解决问题为导向。“但是我觉得这不是一个坏事，刚好可以跟他们好好聊聊，以后怎么开票，合法合规最重要。”

第四，把压力给到对方。“当然如果公司觉得无所谓，是我太小心了，我也能接受，我建议是不要，这是个把柄，您看呢？”

第五，表决心。“我肯定都是为了公司好……”有机会多表态，把危机变机会！

一激就怒，一委屈就发疯，只能让你失去更多，不要害怕被冤枉，只要愿意，总能找到辩解的机会！

# 90-我被职场PUA了怎么办?

## 不是别人说得难听就是PUA，取决于你做得是否难看。

职场PUA，顾名思义，通过言语打压、精神打压、行为否定等方式，对下属进行管理和控制。

职场PUA营造了一种不健康的职场环境，很多“00后”“整顿职场”，反对PUA，当然也不排除很多人干啥啥不行，一句难听话不想听，说两句就认为自己是被PUA了。对自我和PUA有正确的认知也是一门课题。你不要带入自己，你想想你那些动不动有情绪，影响工作，把事情留给你善后的同事。

但PUA确实常见！作为很多人的管理和沟通方式，它从哪里来的？大部分中国人的成长是伴随着否定和打压的，“你看看人家”“你就是个笨蛋”“怎么生了这么个玩意”……长大之后，没有接触正经的管理方法，就会本能地认为PUA是一种正常的管理方式，所以你的老板和领导不是故意的，只是没有别的方式。

如果你正在经历被PUA的黑暗时刻怎么办？首先是庆幸，意识到正在被PUA，说明对方的技巧还不成熟，精神控制不成功。你还是清醒的，只是情绪不好，已经很棒了。有个朋友跟我说，公司想逼迫他们这个月“主动”辞职，会有一部分赔偿。他想等下个月，拿了年终奖再“主动”辞职，钱更多些。但HR说，现在是一年一次的“裁员季”，过了这个时间，就算是裁员也没有赔偿了，年终奖发不发更不好说！他很苦恼怎么选择。他相信公司随便定个日子就可以绕过劳动法，领导可以凭心情决定年终奖发不发，而不必在意合同是怎么签的。他没有意识到自己已经被PUA了，公司说什么都是对的！

## PUA也有很多类型，针对每种类型有相应的应对方法！

就我对你好型：“你这样的，在外面根本找不到工作！”那就感激他，“嗯嗯！老板你对我太好了……我明天能请个假吗？”你说是就是！

你是个废物型：做到情绪忽略和内容识别，只听内容有没有可取之处，至于人格的攻击，我不在意，真就那么看不上我？也不见你开除我！

只PUA你型：为什么只PUA你？精神控制嘛，就你看起来没精神，好控制，要想自己不好被控制就需要乐观、自信、大方和广结善缘，要有自己的朋友圈、同事圈，别闷头干，五十个人里有两个说你废物，你也就不当回事了。你垂头丧气，任劳任怨，没了自信，是对他管理方式的正反馈！

你不是为工作服务的，工作是为你服务的。你从这份工作里能得到什么，得到了吗，很重要。如果你试了一万种方法，你都无法调整情绪，得不到想要的，就赶紧写简历。你生下来不是为了获得某一个人的肯定的！

## 关于调整心态，这两种方法也特别好用：

第一种，精神离职。提交完离职报告，一般会瞬间轻松，春风拂面，下个月就走了，过分的求助就完全敢拒绝了，也敢跟领导开玩笑了，心态改变了，很多事情就会发生改变，甚至更顺利了。不能肉体离职，可以精神离职！

第二种，NPC（非玩家控制角色，Non-Player Character）大法。你是游戏里的角色，还是个主角，其他人都是NPC，NPC对你PUA，是程序里设定的，你看看他给你带来了什么任务，有任务做任务，其他的不在乎！

# 91 -怎么跟领导提涨工资？

## 把涨工资当成一个项目来运作。

如何提涨工资，不是一时一刻的话术，在面试谈薪资那会儿就已经启动了，入职第一天就已经需要布局了！

第一，不要害怕，克服恐惧心理。工作是互相利用，各取所需，发工资不是施舍。自己有价值，就需要相应的回报。提涨工资，证明你对公司有期待，也表达了你对未来和公司一起发展的信心和决心。

第二，需要判断，有没有可能。客户丢得七七八八，老板融资无果，HR在制定裁员名单，或者这是一个久负盛名的血汗工厂，你干得再辛苦，经验再丰富，也只有跳槽才能涨工资，那就同步准备简历！

第三，不要盲目相信业务能力。只要你能为公司赚钱，你就“活该”涨薪？你的薪水是老板的成本，没人动不动降效增本。还有更离谱的例子大家参考一下。

有人说自己任劳任怨，一年没有双休了；有人说没了自己公司得垮，一个人当五个人用；有人说公司的市场是自己从无到有做起来的……但是老板从来没有主动提过涨薪，于是学别人，鼓起勇气提离职，希望老板挽留，却喜提“毕业”。

主动涨薪需要长期的信任、完善的制度以及不可替代性。如果你在公司不可替代，管理层可能会更关注如何替代你。因此，无论你的业务能力多么出色，都要关注自身的长、短期利益和综合能力的提升，该争取时就主动争取！

## 具体来说，怎么提涨工资呢？

第一，你得知道谁能决定你涨不涨。大禹，大禹治薪水！日常得跟大禹默契互补，合作无间。如果主管是你的大禹，你天天把主管当假想敌，肯定不好谈。

第二，提的时候，要有针对性策略。对你不错就情感绑架，“现在是这么个情况，我也是纠结怎么说，我看了下招聘信息，我倒挂得快窒息了，心思也有点动了，但我还是觉得跟着您能学到东西！”推心置腹，然后提一个明确的要求；如果你的领导只是利用你，你是他的半壁江山，那你就摆事实、表忠心、谈规划，再提条件，让他觉得你有用，又不僭越！

第三，要做好自己的广告和公关。很多公司有定期涨薪制度，你的成果和价值要让所有人看到，让老板觉得提拔你是给全公司做表率，不给你涨，不好意思。没有定期涨薪？那这部分就更重要了。日常多在公共场合展示劳动成果。好钢用在刀刃上。有刀，就好谈多了！

第四，无论如何也涨不了怎么办？也不能白干。可以跟未来争取，反向画饼，这个项目做好了，可以升职加薪吗？不能涨工资，可以升个职位吗？就是想要一种鼓励！跳槽不就可以用上了吗？不能涨工资，给我招个实习生吧！事情有人分担，团队管理经验也就来了，为跳槽做铺垫！

然后还要有一些小技巧。吃定你喜欢稳定，你就可以“鬼鬼祟祟”打打电话，放点风，递简历，也别怕被发现，让自己看起来很抢手，再谈；提涨薪幅度的时候，可以多提点，可以提职位、工资一起升，最后妥协一下，先涨工资；可以去市场上验证一下价值，然后拿着offer聊！

从入职的第一天开始，你其实就知道的，每份工作最后都要离职，每个人都会面对如何提涨工资……很多事情一定会发生！

# 第五章
# 尴尬期

聚时好聚，散时好散

# 92-我讨厌自己的岗位职责怎么办?

## 有些岗位，自带讨厌或被讨厌属性。

我在职场群里接触过很多类似的岗位，负责处理员工离职事务的HR，周旋在经理之间的小助理，负责考勤的行政……谁都想骂他们几句，觉得他们老是为难自己。

其实只需要一个意识——人岗分离，跟课题分离异曲同工。

第一，剥离。员工们讨厌的不是你，是你的岗位，谁做都一样，岗位的负能量与你无关；助理人微言轻，没有权力对经理们“发号施令”，这个岗位就有受气属性；行政人员，落实各种规定，不能迟到早退，这个岗位就有替老板挨骂的属性。你领工资了，这就是你应该做的！

第二，所有事情都有技巧。技巧可以学习和提高。会崩溃或者发怵，不想面对即将到来的“毕业季”的同学，跟没有办法写好一条文案、剪辑一条视频的职员一样，技能不娴熟。处理员工离职也有技巧，也可以累积经验，如何丰满话术、优化流程、减少风险，你有几套话术应对不同的同事？琢磨琢磨！世上无难事，只怕有心人。

第三，适当地跳离岗位，用个人身份对话。“我也没办法啊！我也难做啊！我都有点讨厌我自己了！”不能在一个岗位，把所有人得罪了。

什么岗位都需要人做的，怎么都不喜欢，那就别十，干什么事情都得有点使命感和信念感。

# 93 -如何度过职业倦怠期？

## 不想上班！不想上班！不想上班！

周期性、反复性、突如其来性职业倦怠表现为：情感枯竭，灵感枯竭，没有兴趣，上班如上坟；去人格化，低同理心，说我错我发疯，真错假错都发疯；成就感降低；获得感降低，钱少活儿多，上班有什么意义？怎么办？

第一，找到自己的调理方法。我以前的处理方法是“春天不上班”，广告公司有倒休制度，加班累积8小时数可以兑换1天，攒十几天假期，加上周末，加上五一假期，独自去旅行一个月，跟天南地北的人聊天，吃酸甜苦辣的美食，走没走过的路，到最后我会累到非常想念工作，往工位一坐，动动脑子动动嘴，一天就过去了，太轻松了；后来是买买买，劳动所得不仅是用来交税的，光挣不花没有动力，什么消费主义的陷阱，你不买我不买，经济怎么办；现在下班路上喂喂猫，跟小动物聊天，感觉自己是被需要的、被信任的，今天的琐碎格式化，明天又是美好的一天！

第二，有些东西没有办法在一个平台解决，就换个平台。年轻人换工作并不离谱，流动性有坏处也有好处，盲目追求稳定性是一种PUA后遗症。我现在接触的很多年轻人，能在一家公司干半年都感觉挺踏实，主要是公司变化太快了，一年两年公司甚至都没了。换一个平台，当时没解决的问题又重复发生了，又正中眉心？所以，新开始不是完全重新开始，需要复盘再开始，就像打游戏一样，每次都卡在一个地方，就白玩了。我十年前有段时间非常厌倦广告，太虚幻，为他人做嫁衣，还搞得身体不是很健康，我辞职去开了青年旅舍，很快我发现，广告累归累，至少钱多，没风险！还是回来吧！

第三，工作和事业是两回事。把工作当成原始积累的过程，就有目的了，倦怠期也就有限了。经常有人在群里求助，老板总提离谱的要求，太外行了，要不要离职？他是否离谱不重要，你在这家公司的目的是什么，更重要。想做案例，还是获得更多人脉自己开工作室，还是了解同类公司的经营，还是学习技术，你得到了吗？没得到！没得到就不要离职，继续累积。老板的要求离谱怎么办？持续沟通，解决问题！

第四，倦怠很正常。倦怠感是现代人的普遍感受，哪怕在做自己的事业，能量也会有起有伏，情绪也会时高时低，倦怠说明当前的方向不明朗，当前的选择不笃定，可能需要时间再缓冲一下。享受每一种精神状态，会有不期而遇的局面！

# 94-领导不喜欢我，我可以摆烂吗？

## 与其找摆烂的借口，不如找困境的出口。

我经常在社群看到这样的求助，“我又不是故意犯错，领导居然这么冷血，以后我啥也不干了！”“我申请了很久的项目，新同事一来，领导就给他了，我还不想干了呢！什么都别给我！”

领导不作为，不喜欢你，不公平，你就要摆烂，听起来是合情合理的。但是，你烂透了，跟他有什么关系呢，他一脚把你踢开！你烂透了，他不给你机会，谁都没话说。然后，领导离职了，领导高升了，领导被裁员了……你还是那个摆烂的你！

可以因为看不到希望而暂时摆烂、躺平或摸鱼，也可以彻底躺下，那都是自己的选择。做任何伤害自己的事情报复别人，都得不偿失。职场而已，领导只是过客，与过客不该有太多羁绊。不要因为别人的错误惩罚自己，也包括不要因为别人是否专业、是否感情用事、会不会说话、情商高低、脾气如何、看你爽不爽、给不给你机会，而影响你的决策，该想办法想办法！

## 有时候“领导”是个代号！

它是大环境，是周期，是经济形势，是天灾人祸，是任何可称为理由和借口的东西。但是，越是形势不好，越是要努力，因为活着更难了。努力不是盲目地把身体和积蓄都压上，逆风而行、冒进，而是认识和了解自己的天赋、能力到底在哪，找更多志同道合的朋友，多动脑子盘活资源等等。

不要总说反问句，“试错不要成本？”要！但是你可以再问一个问题，“如何以更低成本试错？”大买卖没把握，就做小买卖，什么买卖都做不了，那就不断更新技能……

我小时候几乎没听过“霜冻”这个词儿。上高中那几年烟台部分地区连续霜冻，早晨气温骤降，刚好是苹果树的盛花期，花都冻死了，就不结果了，这是名副其实的天灾。有人研究如何预防霜冻，一到苹果花期，天天盯着天气预报，睡在苹果园里，温度低了就放火，然后灭了，果园里有浓烟就可以预防霜冻；有人砍伐了一部分苹果树，改种樱桃和葡萄，分散风险；有人出去打零工，有人做点小买卖，补贴家用。核心收入没了，能怎么办呢！但真的有人就以此为由躺平，唉声叹气，剩三五棵果树，也能忙一年，赚个几百块，连成本都不够！只能吃老本或者借钱度日！

摆烂的理由谁都有，但理由不能当饭吃！

# 95-想要转岗去别的部门应该怎么做？

## 人性向善，也向恶，更向自己。

转岗是一个计划。为什么觉得应该转岗？是否有新的岗位？转岗难在哪里？新领导是否接受你？怎么谈？对他有什么好处？现领导方面可能出现的问题是什么？是你太有用了，还是领导好面子，还是他巴不得你走？转岗成功有什么风险？转岗失败能承受结果么？这是一个计划，要有步骤推进，这更是一个跟每个领导寻找共同利益的问题，有难度的转岗，基本难在找不到共同利益。

### 初级难度的例子，领导在意权威感！

没有什么过节，但领导在意权威和职业形象，那你表达转岗需求的时候，可以让所有人知道“我想转岗是因为对新岗位的职能和工作内容感兴趣，是想做新尝试，做新的职业规划，而不是对领导有什么意见，相反，我非常尊敬他，我很想听他的建议。”他让你转岗，他就是一个可以成就员工的好老板！

## 有点难度的例子，领导一直针对你！

你的领导一直针对你，年度绩效考核打低分，想以此为由劝退你。好在集团内部岗位比较多，你已经面了两轮了，希望他不要在内部背调的时候搞破坏，你只想快点签字、走人！怎么能让他同意呢？委曲求全，肯定没用！

他的利益在哪里？第一，不希望你继续留在他的团队；第二，本来想少个麻烦，搞得太麻烦就不好了！正确的处理方式是不怕闹大，最大限度地争取公平和权益，提出对考核分数不满意，准备资料，申请公司复核，期间表达出不可能自动离职的决心，因为“我热爱公司、职业和岗位，除非开除我，那我必然是要仲裁的，家里人做生意，我也不在意后续的背调……”对方自然而然知道，想你离开，最好的方法就是让你顺利转岗。这是对大家都好的选择！

## 比较复杂的例子，跟领导关系有点紧张！

你的岗位事情多、技术复杂、时效性强，你们部门就你一个人能做这些事情，这其实不是你的专业，你每天精神紧张，真不想干了。第一次跟领导沟通，你提的是“想离职了，身体不好”，他说对你的工作非常满意，诉求也理解，部门有其他人离职就把你调过去，等一等吧！这当然是缓兵之计，你也不是非走不可，就答应了。这几天，终于有人要离职了，还没开始高兴，跟你熟悉的HR说，领导通知他整理岗位需求了，谁的岗位？走的那个人的！领导并没有打算落实大饼，那怎么沟通呢？控诉、质疑、强烈要求，还是提离职？

问自己几个问题：为什么？图什么？如何利他？你们有没有共同利益？

这个案例，继续沟通，可以得到更多信息：领导是除你以外，唯一能做点这个岗位事情的人，疫情期间，你被封控过几天，是他完成的这部分工作，后来他一开会就想怼你两句，其实就是不高兴，所以你俩现在关系紧张，他不想看你如愿。

这里就有共同利益：既然要新招，不如招一个你这个岗位的人，团队里有两个人会干这活儿，领导再也不用上手了！

想到这里，沟通就很简单了，话术不再重要，越朴素、越诚恳越好，不质问、不生气，不说自己知道招聘计划，要满怀兴奋和感谢："我听说那谁要离职了！我什么时候找HR走流程，迫不及待先来谢谢领导，我这个岗位招人的话，我可以帮忙写岗位描述，做培训，也可以做他的后备……"

这里展示了很多潜台词：

第一，有人请假，领导亲自上阵的情况，再也不会发生。

第二，启用新人有风险，但我可以培训，风险降低了，领导还省事。

第三，您答应我，您就是说到做到的好领导！

他就算一时被情绪蒙蔽没想通，也听得懂！

# 96-这份工作算有效打工吗？

## 照照镜子就行！

我刚上班的时候，出现过一个网络新词儿“过劳丑”，在此之前还有一个词儿“过劳肥”。过劳是时间概念，也是身心概念，当你每天至少把8小时放在一份工作上，你得到的不是满足，而是身体、样貌、情绪和精神都处于一个越来越差的状况，你可以考虑一下是否适合这份工作了。如果每份工作都这样，可以考虑你是否适合上班这种模式了。

工作可能没有三六九等，但有是否适合你的区别。能找到合适的工作，也是能力和福分。所以，照照镜子就行，合适的工作比任何药物都灵，意气风发上班啦！

## 做喜欢的事才是有效打工。倘若你明天就要死，你会干哪行？

TVB剧集《大时代》里，叶天对方展博说赚钱的第一招也是最重要的一招，“一个人要成功，一定要找到自己的世界，只有在自己的世界里，才能把自己的潜能、天分发挥到最高境界，你问问你自己，如果你知道你明天就要死，你会干哪行？在什么地方用完你的最后一天，直到死为止，你找到自己的世界没有？”方展博说自己喜欢股票，叶天说：“你要是喜欢股票，就去交易会找份工作，扫地也不怕！”

每个人都要去找自己的世界！

## 确认是无效打工，每天都想离职？

如果是每天，那为什么不是今天？如果今天还没准备好，那需要准备什么？从今天开始准备吧！很多人满脑子都是离职，抱怨得也很大声，但是干得最踏实，做得最起劲。离职是一种宣泄，口头舒压。

拉勾招聘调研数据显示[①]，59%的受访“00后”目标明确，找到更合适的工作后果断跳槽，奔赴更适合自己的职场，25%的受访“00后”以稳为主，16%的受访“00后”重视自身职场情绪，不爽就跳。

跳槽是职场不可避免的环节，离职是个中性词，下车而已，公司是高铁，你是乘客，这趟高铁的目的地和途经地，是

① 数据来源：2023年10月拉勾招聘大数据研究院《“00后”职场生态洞察报告》。

你想去的，你就上车，下一站你不想去了，有别的目的地，就换乘。列车到你票面目的地了，而你突然想去下一站，但没买票，你也得下去。谁和谁都是阶段性同路。不带情绪，只带目的看“离职”！

离职？说得简单！

世界上最简单的事情是什么？我在一条“不要框住自己，要敢于试错”的视频下，看到一些评论：

“哪有那么多工作可以挑选？你说得可真好听啊！普通人有什么喜欢不喜欢？”

“什么叫试错？没有成本吗？王思聪大学毕业可以拿两千万去试，实在不行回去继承家业，大山的孩子，我，一个普通大学土木专业毕业生，背着四万块的大学贷款，一个不值钱的本科文凭，在工地拿着不到5000块的工资，全年无休，不敢谈恋爱，不敢跟家人说，你说我不想试，我也想试，我配吗？”

“事实就是这样，你说世事多艰，他们说风花雪月无限，他们不会放低姿态！”

这些有道理吗？肯定有，而且还很真诚！抱怨是世界上最简单的事情，有时候我也喜欢，但事情的结果，要我自己承担，我就有点不喜欢了。慢慢地我知道，客观原因是真的，主观理由是真的，赖这赖那没用也是真的。谁的课题要谁自己解决，除了一门心思找出路，别无选择。唯一和第一责任人都是自己，态度上不转变，一天天下去，只能成为“受害者”！

# 97-被裁员，名声是不是不太好？

## 裁员，只是不适合而已！

裁员，美称毕业。2022年，多家互联网大厂员工分享了自己的“毕业”经历，企业把裁员美化成毕业，被媒体辣评“丧事喜办”，那就喜庆一点别太难过！跟你离职一样，只是不合适，至少你得这么认为。你还可以认为公司裁员多了，公司名声不太好，招人的时候看不清，招到了管理不好，或者业务锐减，经营出现问题。

这个时候就别考虑名声了，好聚好散，求之不得，如果不可避免被裁员，名声是次要，第一在意赔偿是否到位，第二在意下一个机会在哪，第三在意时间，时间才是最宝贵的！

## 心里充满了不甘？

不要花大把时间在已经结束的关系上。我不喜欢跟已经分手好几个月、甚至几年的人聊天，他（她）喜欢聊前女友（前男友），人家在准备婚礼，他（她）还在沉浸式失恋。任何关系的结束都是一样的，无论是分手，离婚，还是离职，被裁员，一切以利益为导向，如果没什么利益，节省时间就是利益。

## 不甘心，就想有所行动？

让前公司得到应有的报应，甚至自己想伸张正义，不是不可以，但也必须有时间限制，制订计划，尽快达成，赶紧离开战场！

比如，主管已经通过HR表达辞掉你的意向，你要做的是什么？快速预判风险，制订计划，推动达成。裁员问题放桌面上聊了，就是缘分尽了，主张维权即可，合理的赔偿是多少，拿到就走，再怎么消耗彼此的时间精力，赔偿也是有上限的。边谈、边整理简历，边找下家。一些特别情况，怀孕中、哺乳期、大病住院治疗中……公司不可以开除你，你得到的也只是缓冲，好好利用这段时间规划一下新的职业路径，寻找新机会，因为你早晚会出院！

永远往前看！

# 98-领导对我太好，离不了职怎么办？

## 只有入不了的职，没有离不了的职！

很多人离职并不是因为闹得不愉快，只是到站了，得换车了。哪怕领导非常好，友谊深厚，日常撑腰，技能提高，在最困难的时候选择了你等等。而现在的状况是，团队有几个人相继离职，工作量太多，薪资整体不到位，重要客户也丢了。不是他的问题，但是不好意思提离职，成了你的问题。

怎么跟领导提呢？不要犹豫，工作是互相利用。我可能走，你也可能走。你是高层，你有新机会可以带上我，但我人微言轻，我只能自己走！我跟你好，是咱俩好，跟我在不在这工作一点关系没有。

前提，永远不要撒可以被轻易揭穿的谎。比如，你要去另一家竞品公司，说出来不好意思，但也不要说"我要回老家"，因为，即便不在逛商场的时候看到，不在某个会议上看到，也可能接到背调电话，也可能混得不好要回来，这些都是职场群友真实的尴尬瞬间。世界是一个大剧院，一切都会是戏剧性的，戏剧就需要冲突，地球每天的工作就是不停地把会冲突的人转到一起去，谎言永远在被拆穿的路上。

第一步，态度。无论你下一份工作是多么高升，都不要得意忘形，可以真诚地、光明正大地去沟通。“我觉得这个机会挺好的，想试试”，不要鬼鬼祟祟，这样反而让人不舒服了。你都这么开诚布公了，他如果真的想拦你，那他就不是你的朋友，你也就无所顾虑了。

第二步，时间。敲定好时间，几号就几号，不要含糊，含糊着含糊着，就会因为具体是哪天，不欢而散。表面依依不舍，私下各奔东西。

第三步，感恩。一定要在聊的过程中表达感谢，感谢之前给过的机会，给过的帮助。哪怕不是朋友，是有过一些不愉快的领导，这是最好的一笑泯恩仇的机会。

第四步，善后。你走之前，你的项目一定会做到什么程度，承诺了就要做到；你走了，你可以推荐关系好的同事或者帮忙问下有没有候选人；你走了，你的下属跟你很久，你要跟他交代好，他可以承担什么；你走了，你可以留下什么资料……

第五步，表示。我每次离职都会主动请大家吃个饭，做一些依依不舍的公开表态，其他人就不会对我的领导做不必要的揣测了。在4A广告的全盛时期，每个人离职都有Farewell Party，Last Day Party，如果你离职没人替你操办，或者请吃饭都没空，那这就很戏剧性了！

尽量无痛离职！

# 99-被逼离职可以消极怠工吗?

## 事情是他们的，但名声永远是自己的!

有人问，我的老板总是故意激怒我，我被迫主动辞职了。最后一个月啥也不想干，准备消极怠工，谁也不理，这样离谱吗?

不离谱!如果你有假期没休完，不去都行，刚启动的项目，不感兴趣，也可以此为由不参加。但如果还得上班的话，你应选择公事公办，已经在手上的事情，绝不含糊，不给同事添麻烦，不给客户添麻烦，至少不能让人看出来你消极怠工了。

复仇式的敷衍，可能会被谁看到，可能让你在未来丧失什么机会，职场上需要持续打造个人品牌。虽然说，不要在已结束的关系上浪费太多时间，但这不没结束吗!

尤其是销售岗、客户服务岗等，客户才是资源，有始有终，善始善终，“非常遗憾地跟您说一声，这是我在这家公司的最后一个项目了，下个月就离职了，希望以后有机会继续跟您合作”，哪怕你是被裁员，适当透露这一处境，你被裁员，考虑的不是怎么报复公司、报复客户，而是积极善后，这么靠谱，客户可能会帮你介绍工作，至少也会保持联系，“有机会合作”将不是客气话！

## 离职之后，还有事情找我怎么办？

只要不是找上门，就都好解决！这个问题，我在群里看过好多次，什么情况都有，有的被前同事要求回去看下档案存哪了，有的每周都遭遇新鲜的老事儿，有的被新人当师傅那样叨扰，有的甚至被恐吓……属于是不堪其扰了！

我就很纳闷，你有把柄在他们手上吗？还是说不理会难受？态度不错、关系还行、事情不多、的确就自己清楚，完全可以帮忙，既然当时没拉黑，至少还有点情分。但是如果已经为难了、高频了、拒绝了，对方还不依不饶，就不要给自己找虐，接不到电话，看不到留言，并不犯法！

# 100-公司不行了，有裁员风险怎么办？

## 又不是单裁你，多跟同事互通有无！

第一，一定要拿出公司章程、员工手册和协议合同等等，再仔细研读一下。法律之外，每个公司有自己不一样的规定，至少你当年入职的时候是同意的。比如，关于年终奖的规定！

第二，一定要录音。之后每次对话录音保留证据，如果到了谈判对峙阶段，可以明明白白地告知对方，正在录音，大家都谨言慎行！

第三，一定要备份好自己的工作资料。联系人、邮件、重要的群聊消息，如果是突如其来裁员，很容易被踢出群聊，关闭系统，没收电脑，什么都没有了！

第四，一定要把打卡信息，从软件上同步保存下来。这个东西不是不能改，如果对方说你天天迟到早退，你也没什么证据。从此之后，来公司记得多拍照。

第五，一定谈好条件，再签协议。但不要就等着看公司想怎样，这就被动了，想清楚合法、合理的赔偿标准是什么，你希望的是多少，推动事情正向发展。

第六，一定要开好离职证明。下一份工作会需要，不开违法，乱写也违法。不开违法有什么可注意的？维权需要时间。还有一些地区有自己的特色，上海户口就有一种《就业创业证》，俗称劳动手册，用于登记就业失业，就业时用人单位代为保管，终止或解除劳动关系的由本人保管。这些证明的形式也在不断发展，日常多留意。

第七，一定要认真上班，打卡干活。这不仅是继续上班的证据，还关乎“名声”！

第八，一定要赶紧写简历，找下家。离职跟失恋一样，没必要纠缠太久！

第九，不一定要等着被裁员。很多人被排挤、被架空，“我肯定不会主动离职，想开就开了我，不开咱就耗着！”我建议别干耗，没有机会可以找机会，实在没有可以等裁员。机会出现了，不要犹豫，不是非要对方“付出代价”，说实话赔偿能有多少呢？时间是人最宝贵的资源。

第十，一定要让对方意识到，你是有法律意识和常识的。什么条款、仲裁都懂点。有的人表现出仲裁的决心，对方就妥协了，彷徨的时候找朋友或者群友一起聊聊。

保持消息灵敏，保持理智，没什么事是不能解决的，当你能从容面对的时候，发现解决办法很简单：拿钱、走人！

# 第六章

# 规划期

人无远虑，必有近忧

# 101 -职场人需要做自媒体吗？

## 世界是属于表达者的！

想做就做。当你企图记录和分享时，你就是一个生活的热爱者；当你整理专业内容时，你拥有的将不再是经验，而是方法论；当你开始分享时，你就是价值观的传播者，有没有人关注，你都是赢家。

现在回头看我累积多年的文字、图片和视频，我感谢自己给小脑瓜稀奇古怪的思想照了个相，是否影响过其他人倒是其次，这种记录让我具象、直观感知了自我成长，很震撼！

## 自媒体人的基本功是自洽！

做自媒体，有时候会产生一种虚无、厌倦感，因为真心的分享永远抵不过玩弄人性流量来得大。这很难吗？技术上不难，“被孤立的才是人才”“喜欢独来独往的人，品行更好”“好工作是找不到的，都是血液传播”“被裁的都是能干的”，但是我不想做，我希望我、能看到我内容的人和这个世界都可以越来越好，而不是自怨自艾。接受就好，习惯就好，这是一个过程，也是一种成长，自媒体人需要面对的就是一场又一场的流量游戏，所有结果都需要付出代价，以忠于自我的心态，放开玩，好的坏的都是应得的！你永远不可能知道你不经意的一句话，会不会改变别人的一生，所以我选择不乱说话。

## 自媒体是一个人的优势放大器。

我不建议做全职自媒体，全职意味着需要你花大量时间去研究别人的选题和内容，花空心思破译流量密码，思考用户想看什么，只剩下“取悦”二字。如果它没能成为你的工具和渠道，你将成为它的工具和手段，没有生活，没有立场，你会失去更多。自媒体是放大器，是平台，是出口，80%的精力应该放在可以放大的部分上。归根到底，你需要有自己的优势！

## 怎么觉得自媒体快完蛋了？

被唱衰的只是当下或某个工具，自媒体永不消逝，自媒体的形式随着科技和媒介发展不断变化。很多人从博客、播客、微博、公众号、直播平台、图文平台、视频平台一路走来，别说穿越周期，抓住一次机会就足以跨越阶级。当然也没人说，自媒体就一定会变现。

别管其他人什么论调，你有任何形式的创作能力就坚持创作，有任何有价值的分享就保持分享，有可以持续的输出就别停止输出，时间会把它们收纳成册并署名。功利一点讲，最不济，当你遭受不公时，你也有观众。如果有的公司不喜欢员工是网红怎么办？甚至连个账号都没有的人不要超前焦虑。

自媒体是一种意识，每个时代都有属于它的“自媒体”机遇！希望大家都可以有能力表达自己，过上健康而充实的生活，用自己的能量把握机遇，塑造想要的未来。

# 102-什么是职场的个人品牌？

## 在职场，你不仅是人，还是会呼吸、在行走的品牌！

为什么要做品牌？如果没有品牌，产品就只是一个产品，当它摆在货架上成为商品的时候，会被审视、被比价、被议价，被忽略……甚至需要更高额的上架费！

在盛世长城广告公司，我第一次接触到“挚爱品牌”的概念，它指的是消费者对某个品牌进行长期消费、重度消费、承诺消费和推荐消费。个人品牌也可以借鉴这四个维度，长期合作、深度链接、高度认可与推荐机会，从而在职场中成为他人心中的“挚爱”。

跟你接触过的人，会如何回答这些问题：他们喜欢跟你一起工作吗？工作氛围如何？帮你推荐过工作吗？跳槽后会邀请你一起过去吗？有问题会向你求助吗？你有工作或生活上的困扰，他们会帮你吗？会帮你接背调电话并好好表现吗？下了班还联系吗？你离职会抱头痛哭么？生日会一起吃饭并给你惊喜吗？你有没有因为“你是谁”而获得更多机会和便利……

## 当然还有一些棘手的问题！

问题一：让大家都满意是不是意味着牺牲很多？当然不是！牺牲很多，对方未必满意；品牌最核心的功能是溢价，一个人的品牌关键词，如果是物美价廉、任劳任怨和舍己为人，那么这就属于品牌负资产，不仅没用，反而有害！

问题二：如果同事表面对你认可、赞同，但是面对新公司的背调，他说你“这个人不行”怎么办？不诚实是他个人品牌的关键词。你只需持续建立和打造你的个人品牌，一两个杂音无法影响到你！前面说过，任何公司都不会偏听偏信，过于离谱的评价，他们会继续核实，或者跟你确认。所有人都是杂音？那可能你的个人品牌没有被买单，你需要重新调整思路和优化表现！

你的形象，你的谈吐，你的专业能力，你的沟通能力，你的管理成本，你的协作效率，你的履历，你的作品，你的朋友，你的态度，你的关系网络，你的每一条网络发言，你在行业内的影响力……你的任何方面，都构成了你的个人品牌。

不必把个人品牌看得过于高深玄妙，关注自己的每一次发言、每一个行为和每一个决定，符合自己的价值观，符合行业对一个有影响力人物的期许即可！

# 103-如何探索新的收入渠道？

## 本职工作没有上升空间，不妨弯道超车。

副业不是那么好做的，但如果主业卡顿了，也可以重启一条赛道试试。就不提那些仍然是花时间去做的副业了，比如，下班送外卖，开专车，周末做保洁，卖炒饭……更累，赚不到（多少）钱，或者三天热度，浪费投资，这些都是别人的主业，也有竞争壁垒！

既然要做，就做点不一样的！

## 第一种叫借势。

你周围有什么资源，不是你的，但可以是你的！

举个例子，我曾经去一家广告公司面试，一个男生接待了我并跟我沟通所有面试安排，我以为他是HR，结果是AE——客户执行岗位，广告公司最初级的客服岗位，工作繁杂，薪资不高，他们经常自嘲“少壮不努力，老大做AE”，做到客户总监，慢的要十年。但是他很敬业，很热情，我是下了班过去的，已经晚上八九点了，他不下班接待我，结束了送我下楼！

后来才知道，那会儿他已经开始盘算自己的新模式了。

第一步，接近和帮助HR、客户总监和创意总监：“招人需求和信息可以给我，我认识人多，帮你们问问？”“这些是我觉得还不错的简历，您看看！”“我帮您约吧，我反正加班！”

第二步，他怎么得到的简历？他把公司的招聘信息发到自己新建的公众号上，疯狂转到广告人社群，关注的人多了，招聘方多了，求职成功的人多了，就拓展成专门的广告行业招聘渠道了。从免费服务到付费服务到付费社群，这种机会，普通人一辈子把握一次就足以弯道超车！

如果他有足够的想象力和能量，完全可以做一个广告行业招聘App了。那个“专注互联网招聘的App”就是这么来的，当你的咖啡馆有很多投资人光顾，你每天都能收到许多求助：“你人脉广，你帮我问问有没有合适的市场总监！”“你认识靠谱的法务吗？”把服务他人当成爱好、当成人情，都不如做成一门生意！

一切在别人看来有机会，而我们没做到的事情，只有一个原因——阶级局限性。我就是我，我的认知就到这儿，我真的想不到，有点小成就，我已经很满足了。打破这种局限，只能靠不断学习，向上社交，接触新认知，广告行业招聘App为什么没能成型？因为他接触的都是广告人；专注互联网招聘的App为什么上线了？因为他接触的都是投资人！

你周围有什么资源，有什么人，是可以合理借用的？肯定有！

## 第二种叫放大器。

你以什么技能技术为生，可以放大吗？做自己的哆啦A梦！

如果你在某些大厂做HR，熟悉内部的系统和流程，你肯定知道很多简历是过不了机选的。但求职者不知道，他虽然优秀，却没有一点机会。那你可以做简历优化师！放大器在哪？在自媒体，也有专门的服务机构，可以兼职，可以累积用户。

那些“宠物学院”怎么来的？有的人拥有训练小动物的天赋和经验，熟人圈子拓展，就成了副业，持续学习更专业的动物训练知识，创立公司，培训员工，就成了主业。别人纷纷效仿，行业就形成了。

如果你是喜欢玩滑板的设计师，平时混这个圈子，也给朋友们在滑板涂鸦，“滑板改造涂鸦”就是个小出路，放大器在朋友圈，在兴趣社群，也可以在二手平台开店，零成本试错。

我们前几年差点收购了一个法国潮牌。源自对街头文化和滑板运动的深入参与和热爱，两位创始人在巴黎小公寓里创立了这个服饰品牌。一开始，他们通过自行车将宣传单直接分发到客户手中，现在每月都会发售跟IP以及其他潮流生活方式品牌的联名，比如火影忍者、彪马、恩宝、蝙蝠侠等超级品牌或IP。

要么空手套白狼，要么有一手，总之得动动手。所有事情都是从无到有、从小到大的！

# 104-如何检验我的人脉模型？

## 可以从两个维度，检验自己的人脉模型。

### 第一个维度，155人黄金人脉圈。

命友5人，密友50人，好友100人。你有没有过命的交情，有没有相谈甚欢、随时伸出援手的交情，有没有点赞之交？如果你看过《草木人间》应该了解邀约十六字口诀，“先强后弱，先亲后疏，先近后远，先横后纵”，从最亲的开始，丈夫、妻子、男友、女友，其次是你的同乡、同事、牌友、球友，再次是同学，最后是社会上认识的、旅行认识的。知识没有好坏，看为谁所用了，这就是一个标准的人脉模型。

### 第二个维度，目标导向思考。

假如你有一个小目标，采访100个企业老板，做一个系列视频，从雇主视角深入剖析企业用人标准，为青年求职者提供有价值的启示。那你可以先问下自己这几个问题：

1.熟悉的、认识的人里有目标人物吗？

2.谁可以帮你找？例如舅舅是西城区商会会长，好朋友混迹私董会……

3.他们会出现在哪里？这些地方是你可以去的吗？谁能帮你……

4.你特别想联系谁？有途径吗？以自己的名义发邮件，对方会看吗……

5.名单数量达到多少个，就可以启动这个项目了？

这就是以目标为导向，检验人脉模型，你可能心里已经有一个数字了，但这个数字也仅仅是预估，就像，你以为朋友会借钱给你，而实际上不一定。如果这是你未来的目标，你会更清楚当下如何行为处事，如何有意识地累积人脉资源！如果削尖脑袋也只能找到五个怎么办？那不应该定这样的目标，不符合SMART原则[①]！

① SMART原则，也被称为制定目标的黄金法则，是由Specific（具体的）、Measurable（可衡量的）、Attainable （可实现的）、Relevant（相关性）、Time-based（时限性）5个英语单词的首字母组成的，每一个英语字母对应一个在设置目标时应该遵循的原则之一。

# 105-如何搭建我的能力模型？

## 每个人都有自己的能力金字塔！

很多人觉得自己是有能力的人，具体说说什么能力，又不知道从何说起，可以试着搭建一个模型，一切就变得直观了。不同纬度的能力从基础到高级，层层递进，最终形成一个完整稳定的能力体系——能力金字塔！

一个人的能力从哪里来？能力可以分为硬实力和软实力，从工作中来，到工作中去。这也是为什么躺平不是在伤害公司，而是在自我伤害。我们对一份工作的需求，既包括工资需求，也包括技能提升需求，软实力提升需求，人脉与资源需求和自我实现需求等等，工资是最基本需求，其他同样重要！

了解和构建自己的能力金字塔，可以帮助我们更有针对性地提升能力，制定更加有效的职业发展规划，实现个人和职业的全面发展。金字塔大概可以分为四层：

（1）金字塔的底层，是一个人在任何领域发展所必需的基本能力，包括学习、阅读、理解、写作、常识、沟通、表达、基础数学、基本计算机技能……这些能力是基本素质，是进一步学习和发展的基础。进入职场前，所有的学习和准备都是在奠基！

（2）金字塔的中层，涉及个体在特定领域或行业内的专业技能和知识，专业技能决定了个体在职业生涯中的竞争力和发展潜力，是实现职业目标的关键！25岁之前，职场第一个阶段的目的，就是实现技术提升，硬实力加强！

（3）金字塔的高层，通常是跨领域和综合性的，比如领导力、创新能力、战略思维、问题解决能力、跨文化沟通和人脉资源等，高级能力决定了个体在复杂和多变环境中的适应能力。30岁之前，职场第二个阶段的目的，不能只搞技术，必须具备软实力！

（4）金字塔的顶层，职场第三个阶段，涉及更高层次的能力、素质和影响力，如成为某行业的意见领袖、在某领域内获得专家头衔，拥有独特技能、知识和经验，35岁之后，职场第三个阶段的目的，打造个人影响力，发展迭代能力、发现机会的能力！

整个职场生涯，就是从地基开始一层一层建这座金字塔。每个人的能力金字塔都是独特的，包含你的天赋、兴趣、背景和职业目标。没有基础能力，一切都是空中楼阁，大变局时代，遇上产业升级、政策调整、工业革命或技术革命等等，都是灭顶的危机；管理者不懂技术，也不容易带好团队；没有更高层级的能力，基础再牢固，也只能做基础工作，发展也会受到限制！

提到金字塔，不得不提互联网上一个热门观点，“穷人才痴迷技术”，有人觉得震撼，有人热烈吐槽，没有技术飞船怎么上天，“搞技术的”不如“搞人的”是一种不好的风气，是落后的原因。

## 为什么职场好像不大尊重“搞技术的”呢？

这里有误区，工资是一种价格，价格是价值的反映，价值高低只有一个准则：稀缺性。如果你掌握的技术是少数人才能企及的顶尖、稀缺技术，那你是工程师、是专家，你不懂管理，会有专门的管理团队为你服务；你讲话难听，其他人会自己学习如何调节情绪……

实际上，大部分人掌握的技术属于应用技术，稍加时间即可掌握，会的人越多价值就越低：越来越多的人会开车，无人驾驶技术成熟，司机就不稀缺了；很多人都会英文，翻译软件越来越精准，翻译就不稀缺了；每个人都会使用手机剪片子，剪辑师就不稀缺了……

穷人才痴迷技术，其实因果搞反了，大家痴迷不稀缺的技术，才没那么有钱！

所以，能力金字塔可以有另一种解释，一定要不断追求稀缺性。没有人一开始就是稀缺的，都是一层层累积的，现在可以复盘一下，你的金字塔建到第几级了？

# 106-未来一至五年计划怎么做?

## 计划一下，包括工作和生活方方面面!

很多人会被计划绑架，我有个朋友天天在朋友圈分享今日计划，半小时为区间，25分钟的工作时间和5分钟的休息时间，称为一个番茄钟。他甚至不敢停止分享，怕有人问，怎么不学了？25分钟练习口语、25分钟吃饭、25分钟看书……有的人，刚好相反，如果你在书里留出一片空白页，说，做个计划吧，写个读后感吧，他会抓耳挠腮，赶紧把书收起来，简直破坏了学习的好心情!

到底应该怎么做？没什么对与错，怎么舒服，怎么有结果，怎么来!

我理解的计划更像“显化”，这个概念借鉴了很多哲学和宗教教义，也包括吸引力法则、量子物理学和积极思考的力量。显化的理念是你的思想和情感，有能力塑造你的生活并吸引特定的结果。不管你喜不喜欢做计划，都可以尝试一步一步

“显化”你的未来！

第一步：明确愿望和目标。比如，薪资的提升、创业获得投资、住大房子、全球旅行、跟喜欢的国际巨星共进晚餐、账户余额达成一个小目标或者某个兴趣达到表演水平等等，目标需要符合SMART原则，但也要允许一定程度上的“非分之想”。

第二步：专注培养积极的情绪。放大一切日常行为获得的正反馈，包括感恩、愉悦、欣赏、快乐和爱等，吸引更多相同情绪光顾。你获得薪资的提升，你品尝到美味佳肴，就可以感恩自己的劳动所得，为自己带来享受。

第三步：可视化结果。每天花一点时间想象自己实现目标，并体验自己的愿望。比如，创业获得投资的可视化结果，你登上了财经杂志的封面，在全球创业者大会发表演讲等等。

第四步：肯定和积极地自言自语，大声或默念，强化意图，增强信心。多对自己说鼓励的话，少说丧气的话，真的被对方气到了，别说“气死了”，要说“气笑了”“气发财了”。

第五步：采取具体步骤实现目标。让你的行动与意图保持一致，显化不是神力，而是运用我们本身的力量去实现它。比如，当你想显化五年后的工作状态。

### 以工作目标具体来看，你的目标可能包括：

职业晋升：争取在公司内部获得晋升，从经理升到部门负责人。

专业影响力：在行业内建立个人品牌，成为“炙手可热”的专家级人物！

多样化技能：学习一门跨领域的技能，增强自己的综合能力。

## 相对应的行动计划：

长期项目：参与或领导公司的战略性长期项目，展示领导能力；学习更多管理知识，参加领导力相关培训；关注老板对部门的期待和规划！

个人品牌：每月撰写一篇行业相关的深度文章，并在专业平台上发布，注册社交媒体账号，每周更新行业相关热门话题观点！

技能学习：如数据分析、财务管理、一门新语言或者打网球，制定具体的目标。

第六步：坚持自己的目标，保持耐心和信心！相信自己可以完成，不仅仅是嘴上相信，脑子里也要相信，发自内心地相信自己！

所有计划都可以参考这六步，明确、专注、可视化，积极明示或暗示，为实现目标制定具体的行动步骤和细节，坚持自己的目标，直到达成为止。不怕做不到，只怕想不到！

希望我们都可以成为敢想敢干的人！